Callwey

Mit Mustervorlagen

Kugler Rudolf

Hildegard Demetz

Kerbschnitzen

Technik, Ornamente, Motive

CALLWEY
SPEZIAL

Bildnachweis und Dank

Alle Bilder und Zeichnungen für dieses Buch wurden von der Autorin angefertigt.
Herzlichen Dank an Josef und Mechthild Brunner aus Memmingen, die ihre Arbeiten zur Verfügung stellten.
Mein Dank gilt auch Firma Klötzli, CH-Burgdorf, für die Überlassung ihrer speziell entwickelten Schnitzmesser.
Die Anleitungen in diesem Buch wurden sorgfältig erprobt – eine Haftung kann dennoch nicht übernommen werden.

Die Deutsche Bibliothek –
CIP-Einheitsaufnahme
Kerbschnitzen: Technik, Ornamente, Motive;
mit Mustervorlagen / Hildegard Demetz. –
München: Callwey 1994
(Callwey creativ: Spezial)
ISBN 3-7667-1128-9
NE: Demetz, Hildegard

Einband und Reihengestaltung
Germar Wambach, München
Satz Filmsatz Schröter GmbH,
München
Lithos CS Repro-Dienst, Singapur
Druck und Bindung EBS, Verona
Printed in Italy 1994
ISBN 3-7667-1128-8

INHALT

5 Kleiner Trog aus Lindenholz, geschmückt mit zwei verschiedenen Bandmustern.

6 Kleiderbügel aus Lindenholz mit vierblättrigem Kerbschnittmotiv, das in mehreren Variationen auftritt.

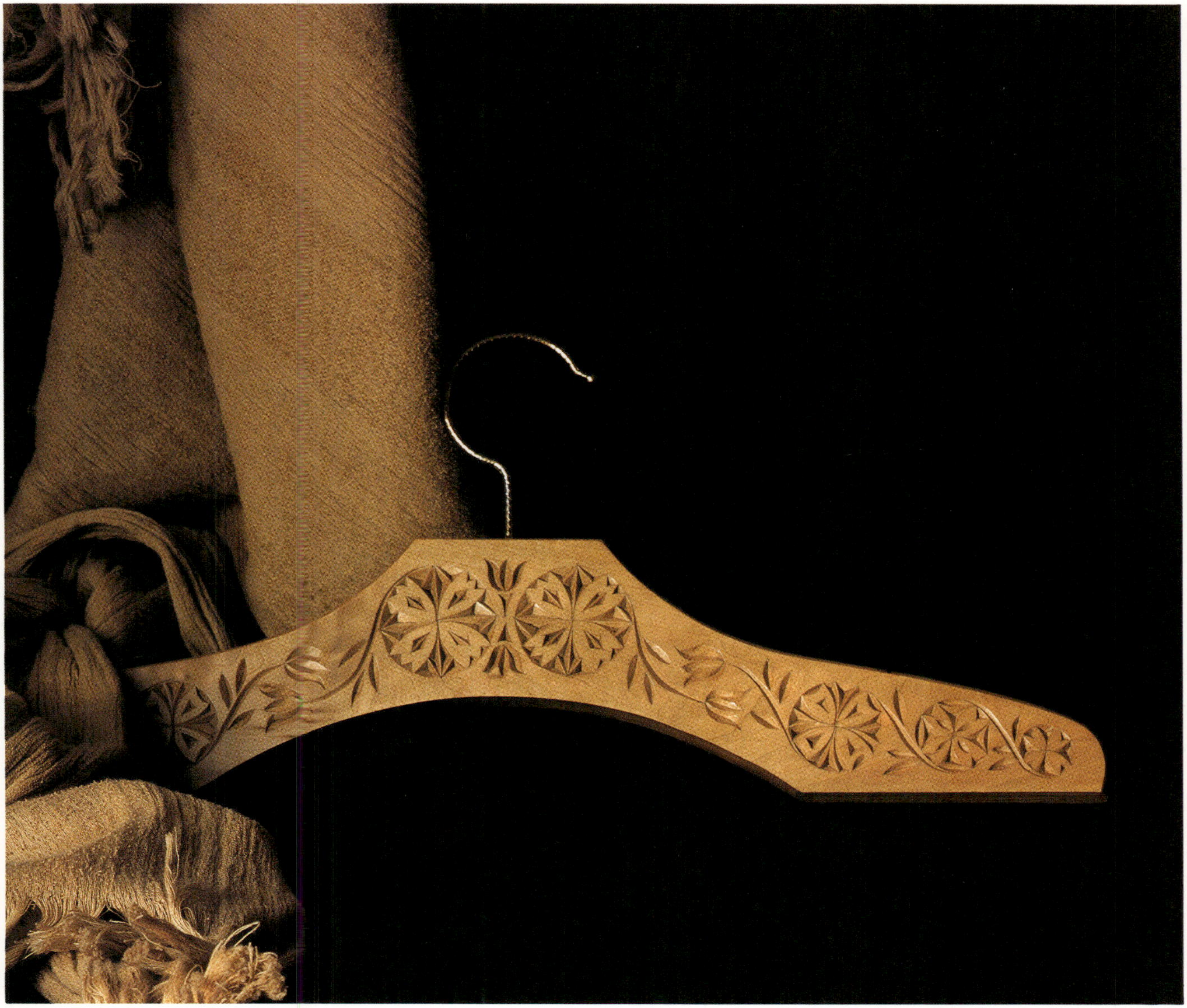

7–9 **Die aus dem Kreis entwickelten Sechssterne lassen vielfältige Variationen zu – ihre Bewegtheit wird mit assoziiert.**

EINFÜHRUNG

Schon die ersten Kerbzeichen, die mit einem scharfkantigen Stein in die Felswand geritzt wurden, hatten und haben eines dem flüchtig verklingenden Wort voraus: Sie bannen und beschwören unverrückbar in den Fels, was sein soll und was nicht. Dabei sind sie mehr als bloße Hilfsmittel. Es sind Verbündete.

Zeugnisse dieses magischen Denkens sehen wir heute in allen großen völkerkundlichen Museen der Welt. Große Kreise mit nach außen strahlenden Linienmustern im schwarzen Holz eines Türflügels, drohend zahnförmige Kerben im Balkenwerk, Wirbel, Bänder, Sternmuster – sie beschwören das im Horizont versinkende Licht, sie wehren drohendes Unheil ab. Immer noch sprechen uns diese Bilder an. Es sind Archetypen der Bildsprache.

Das mühevolle Ritzen der Kerben in das harte Material mag den frühen Menschen zum Weglassen unwesentlicher Details gezwungen haben. Diesem ehemals vom Werkzeug aufgezwungenen Ideal des stilisierten Ausdrucks bleiben die Künstler über die Jahrhunderte treu und dies, obgleich die technischen Möglichkeiten nicht ohne Einfluß auf die jüngeren Arbeiten geblieben sind.

Schon die ersten Kerbzeichen waren also alles andere als inhaltsleere Zierei. Die Bilder waren Ausdruck und Abbild der Lebensbedingungen dieser frühen Menschen. Eben diese Bedingungen wandelten sich und mit ihnen die Zeichen. Aus den frühen Kult- und Geheimformeln wurden die Signaturen und Insignien der Mächtigen, die Zahlen und Schriftbilder der ersten Hochkulturen.

Diese Entwicklung dauert an bis in die jüngere und jüngste Geschichte. Die Baumeister des Mittelalters entwickelten die Maßverhältnisse für ihre Bauten aus den Grundformen Dreieck, Fünfeck, Sechs- und Zwölfstern. Heute finden archaische Zeichen in äußerster Abstraktion als Kategorien von Harmonie, Schönheit, Wahrheit Eingang in die Kunst der Moderne.

In der einfachen Volkskunst lebten die alten Bilder unverwandelt weiter. Erst in unserem Jahrhundert drohen sie durch das Verschwinden der gewachsenen Bezüge zum inhaltsleeren Ziermotiv für Teller und Schüsseln zu werden. Die konservatorische Pflege erhält pflichtbewußt reproduzierend die tradierten Formen noch am Leben. Sie mit neuen Inhalten zu füllen, auch dazu soll dieses Buch anregen. Dazu ist mehr vonnöten als ein nur peripheres Umarrangieren eines Bortenmusters.

Wenn etwas ganz wesentlich zur Renaissance der Kerbschnittkunst beigetragen hat, dann ist es die Faszination des Werkstoffes Holz. Dazu kommen Neigung und Muße und ein Minimum an Werkzeug- und Arbeitsaufwand. Sie brauchen zum Kerbschnitzen ein Messer und einen hellen Platz am Fenster. Das ist (fast) alles. Das mit etwas Übung erzielte Ergebnis ist so unspektakulär vollkommen, daß seine Wirkung weder mit mehr noch mit einem besseren Werkzeug gesteigert werden könnte.

10 Die Wirbelrosette oder das Wirbelrad suggeriert noch stärker als der Sechsstern die starke Ausstrahlung einer sich drehenden Bewegung.

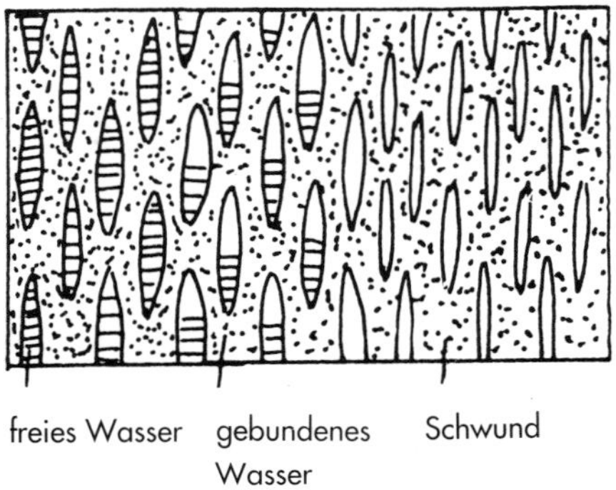

11 Schemazeichnung der Holzstruktur im Längsschnitt, die die wassergebundenen und wasserfreien Kapillare zeigt.

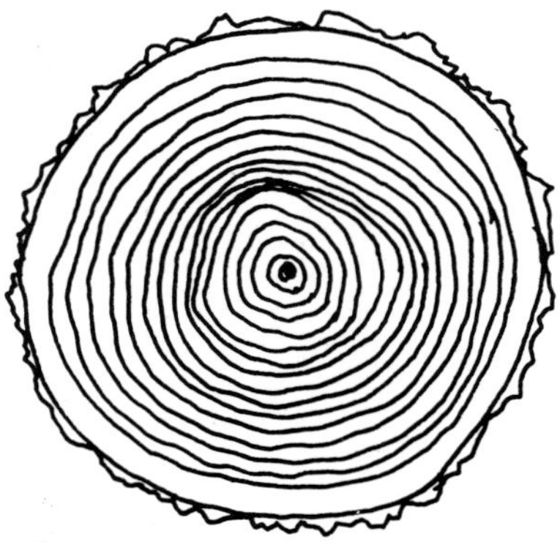

12 Querschnitt durch einen Stamm. △

13 Unterschiedlicher Schwund bei Frühholz- und Spätholzzellschichten. ▽

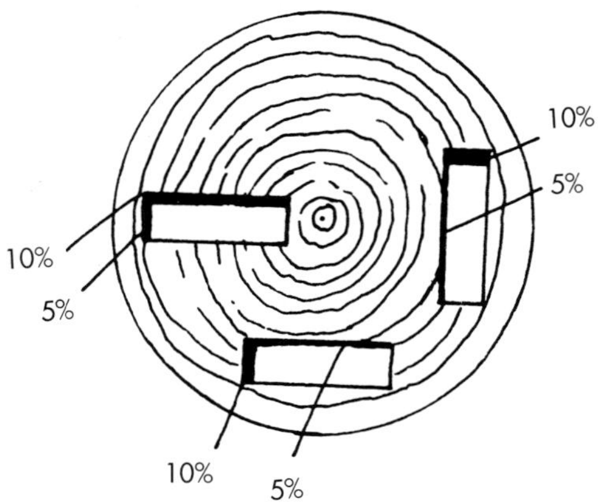

DAS HOLZ

Bekanntlich legt der junge Baum Jahr für Jahr einen neuen Ring von Zellen an die alt gewordenen des Vorjahres an, bis aus ihm ein stattlicher Baum geworden ist. Wie immer ist das Wachstum vom Teilungsvermögen der Zellen abhängig. Dieses Wachstum findet im Übergang zwischen Holz und Borke für das bloße Auge unsichtbar statt. Nach der Teilung strecken sich die Zellen und bilden röhrenförmige Hohlräume aus. Diese röhrenförmigen Zellfasern transportieren das Wasser von den Wurzeln zur Krone. Vor allem bei der Esche, Eiche und Ulme imponieren die Kanäle im Querschnitt als Poren. Das Faserwachstum ist im Frühjahr am größten; die ersten zwei Drittel der ganzen Jahresringbreite werden im Frühjahr und Sommer angelegt. Diese Holzfasern sind hell und haben weiche dünne Wände und große Hohlräume. Im Herbst werden die Ringe dunkler und dichter, die Wände zellstoffreicher, die Hohlräume enger und enger.

Der frisch gefällte Stamm ist prallvoll mit Wasser, das er übers Jahr aufgenommen hat. Über die Hälfte liegt ungebunden in den Hohlräumen, wie das Wasser in einer Röhre. Trocknet dieses freie Wasser ab, schwindet das Holz nicht. Erst wenn die restliche Flüssigkeit, die in den Wänden gebunden ist, abdunstet, nimmt das Volumen ab. Es kommt zum Schwund und zu großen Verziehungen des Holzes. Die verformenden Kräfte rühren von dem unterschiedlichen Schwund der Frühholz- und Spätholzzellschichten her. Wie in Abbildung 13 zu sehen, bindet die Spätholzschicht mehr Wasser in den Wänden. Diese Zellschichten schwinden beim Trocknen stärker. Es kommt zu großen Spannungen innerhalb der Schichten, die zu Verwerfungen und zum Zerreißen führen. Bretter und Bohlen schwinden und reißen ganz verschieden, je nach Lage im Stamm, aus dem sie geschnitten sind. Es ist für uns wichtig, die gebräuchlichsten Schnitte längs durch den Stamm kennenzulernen. Wir können dann anhand der Oberflächenzeichnung jedes Brett wieder jener Schicht im Stamm zuordnen, aus der es herausgeschnitten wurde. Wenn Sie dies können, wissen Sie auch, wie sich das Brett im Regelfall verhalten – wie es arbeiten wird.

Herzbretter und Mittelbretter

Der Stamm wird links und rechts entlang der Markrinne aufgetrennt. Das Mark verläuft im Herzbrett. Die Jahresringe bilden langgezogene parallele Linienmuster. Herzbretter schwinden in Rindennähe stärker als im Kern. Sie tun dies gleichmäßig, ohne daß es zu Verziehungen kommt: denn die Jahresringe stehen senkrecht zur Brettoberfläche! Nur in der Herzgegend sind noch kleine geschlossene Ringe da, die sich aufwerfen können. Hier reißen die Bretter, und deshalb wird der Kern herausgeschnitten. Mittelbretter haben die gleiche Zeichnung. Die angeschnittene Markrinne verläuft jetzt in der Brettoberfläche. Hier knicken die Bretter, und zwar immer zur Rinde hin. Geht der Schnitt weiter außen längs durch den Stamm, so zeigt das Brett immer breitere Jahresringe. Die nach oben sich kegelförmig verjüngenden Ringe im Stamm bilden in diesem Schnitt langgezogene Spitzbogenmuster, die typische Fladerung der Seitenbretter. So schön die Zeichnung sich ausnehmen mag, bedenken Sie, daß diese Bretter sich extrem stark werfen, und zwar immer zur Borke hin. Man sagt auch, daß die linke Seite hohl und die rechte bauchig wird. Diese Regelsätze werden Sie auch für die Breiten- und Dickenverleimung brauchen können.

Splintholz und Kernholz

Mit zunehmendem Alter stellen die innersten Jahresringe ihre Transportfunktion ein. Die Hohlräume werden mit Harz, Wachs, Lignin, Farb- und Gerbstoffen aufgefüllt. Je nach Holzart heben sich diese verholzten Kernholzschichten auch farblich von den rindennahen Splintholzschichten ab. Splintholz ist weich, brüchig und anfällig gegen Schädlinge. Eiche, Ulme und Kiefer haben breite Splintholzschichten; Birken und Espen weisen dagegen keine sich farblich unterscheidenden Schichten auf, dennoch ist Birkenholz gut zum Schnitzen.

14 Das Querschnittbild bei Herz-, Mittel- und Seitenbrett.

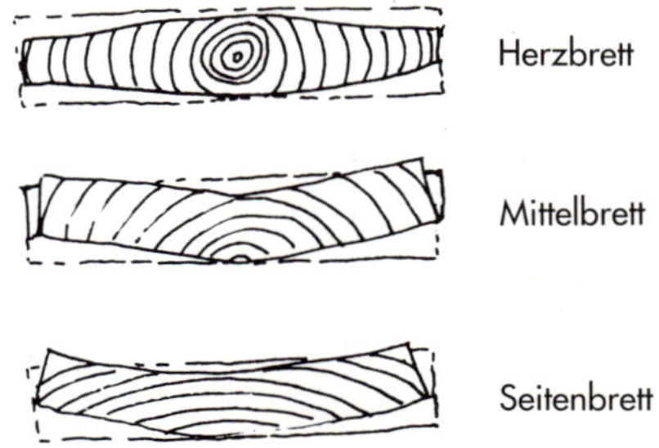

15 Herzbrett mit ruhiger Maserung.

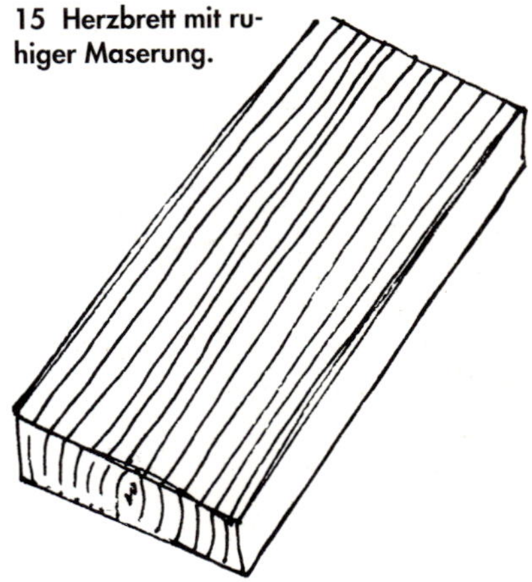

16 Seitenbretter haben eine starke Maserung.

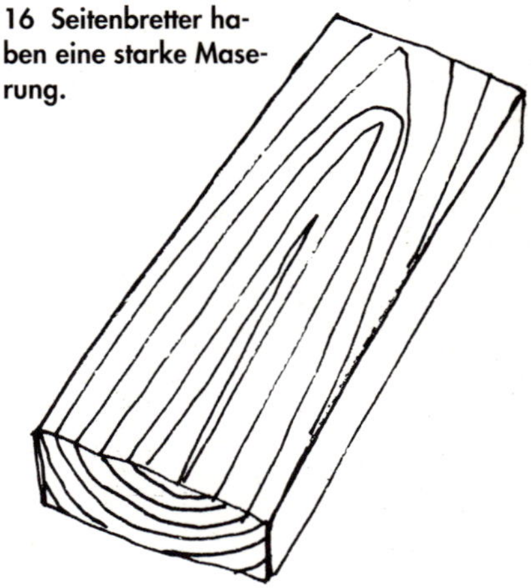

17 △

18 △

19 △

20 △

21 ▽

22 ▽

17 Gut gewachsenes helles Lindenholz mit kleinen Ästen.

18 Feinjähriges Zirbelholz mit deutlich sichtbarem Splintholz und dem typischen Querschnitt.

Grobjähriges und feinjähriges Holz

Je üppiger das Wachstum, um so breiter werden die Jahresringe. Man spricht von grobjährigem und feinjährigem Holz. Nadelhölzer – soweit sie sich überhaupt zum Kerbschnitzen eignen – sollen feinjährig sein. Linden, die an einem besonders feuchten Standort stehen, wachsen sehr schnell und bilden extrem breite, wasserreiche Jahresringe. Das Holz wird bräunlich und erfordert bei der Lagerung besondere Vorkehrungen. Unzureichend belüftete Bretter reißen und verblauen durch Pilzbefall. Schönes Lindenholz hat eine gleichmäßig helle, fast weiße Farbe. Die Maserung tritt ganz in den Hintergrund. Sofern Äste vorhanden sind, bilden sie kaum Spannungen und Verwachsungen im Brett.

19 Eichenholzbrett.

20 Birnenholz hat eine gleichmäßige rotbraune Färbung.

21 Ulmenholz weist ein andersfarbiges Kernholz auf.

22 Wimmerwüchsiges Holz ist schwer zu schnitzen.

Wenn Sie eine Füllung für ein kleines Wandschränkchen selbst machen wollen, können Sie das Brett direkt beim Holzhändler besorgen. Das Brett wird nach Länge, Breite und Stärke gemessen. Ist das Brett unbesäumt, so wird die mittlere Breite genommen. Bei den Seitenbrettern ist auf den breiter werdenden Splintholzsaum zu achten, wie auch auf Einrisse an beiden Brettenden.
Minderwertige Ware hilft Ihnen kaum je, Geld zu sparen. Sie haben um so mehr Verschnitt. Nicht zu reden von dem Frust bei der Arbeit und einem enttäuschenden Endergebnis.
Sie bringen das Brett nun zum Schreiner und lassen es nach Ihren Maßen zurichten. In der Regel ist das Brett im Freien getrocknet. Es hat noch einen Feuchtigkeitsgehalt von ca. 15%. Wenn das Werkstück in den Innenbereich kommt, muß das Holz noch in einem mäßig warmen trockenen Raum nachgetrocknet werden. Fragen Sie Ihren Schreiner, der das Holz hobeln und verleimen wird. Sie können das Brett sicher in der Werkstatt eine oder zwei Wochen lagern.

Zurichten

Verleimen Sie die Bretter nach dem Hobeln und Abrichten der Breitseiten selbst, müssen Sie die Teile so zusammenstellen, daß die Maserung der Holzteile zueinander paßt. Das ist sehr oft leichter gesagt als getan.

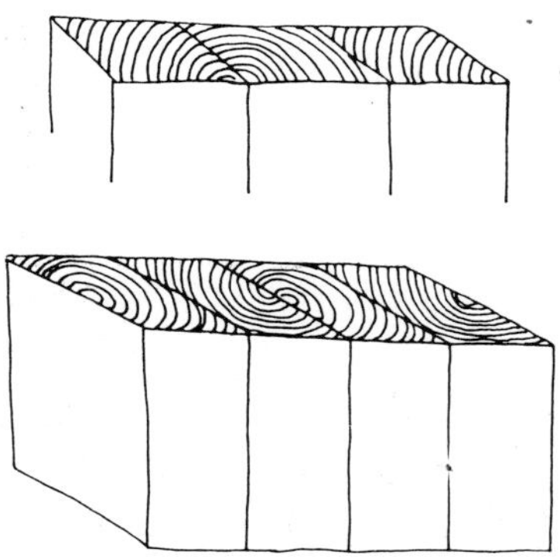

23 Für die Breiten- und Dickenverleimung gelten die Regeln »Splint an Splint« und »Kern an Kern«.

Diese Schwierigkeiten sollten Sie für den Anfang umgehen. Sie verwenden Herzbretter oder Mittelbretter und trennen allenfalls den Kern heraus. Die abgerichteten Breiten verleimen Sie wie in Abbildung 23 mit zwei Versteifungsbrettern nach der Regel der Breiten- und Dickenverleimung: Splint an Splint, Kern an Kern. Für einen kleinen Spiegelrahmen können Sie die zugerichteten Hölzer selbst auf Gehrung zuschneiden. Es genügt, die Ecken stumpf mit Klemmen auf Stoß zu verleimen. Lassen Sie den Leim lange genug abbinden und entfernen die Leimreste. Und schon ist das Werkstück fertig zur Weiterverarbeitung.
Auch den Deckel für ein Steingutgefäß können Sie leicht selbst vorbereiten. Schneiden Sie den Deckel mit der Stichsäge akkurat nach Maß aus. Die Sägespuren müssen Sie anschließend sorgfältig mit einem Glaspapier entfernen. Vielleicht können Sie mit der Oberfräse für einen besseren Sitz im Gefäß an der Unterseite einen Falz einfräsen. Untersetzer, Aufschneidebretter, einfache plane Brotzeitteller, Kleiderbügel und vieles andere mehr können Sie so leicht selbst vorarbeiten.

24 Kerbschnitzerei (Bogenschnitt) auf einer Obstschale.

Um Gebrauchsgegenstände wie Teller, Schüsseln, Serviettenringe zu beschnitzen, sind Sie auf gedrechselte Rohlinge angewiesen. Bereits vorgefertigte Stücke sind häufig aus Ahornholz. Für den Anfang ist dieses Holz zu zäh und zu spröde. Suchen Sie einen Drechsler und lassen Sie sich die Stücke nach Ihrem Entwurf drechseln. So können Sie sich das Holz aussuchen. Achten Sie darauf, daß die Hölzer für eine Schüssel nicht verleimt werden; dann können Sie sie auch für den täglichen Gebrauch benützen, da keine Leimfuge aufgeht.

25 Steinguttopf mit einem Deckel aus Eichenholz, dessen Musterung die Rundkehlen des Gefäßes wieder aufnimmt.

DIE WERKZEUGE

26 Zwei Kerbschnitzmesser, das rechte wird mehr zum Stechen gebraucht.

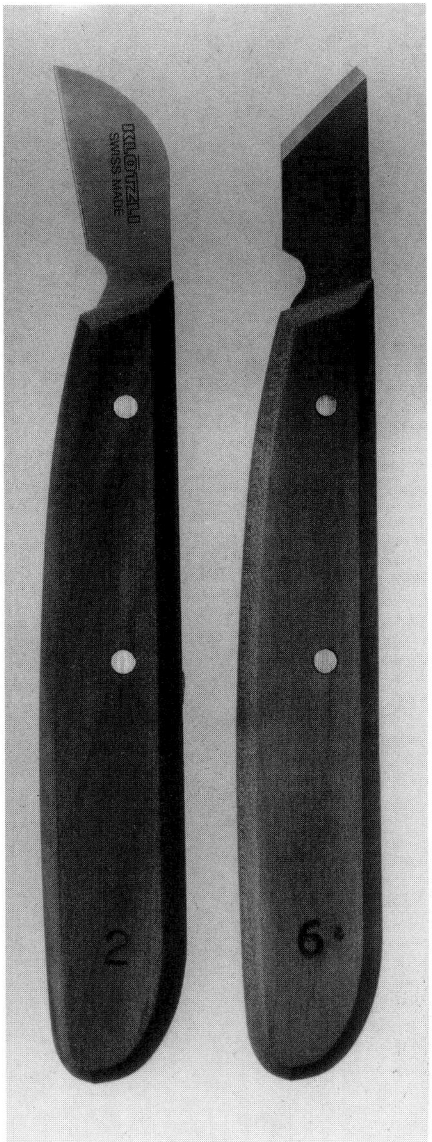

Jedes Werkzeug hinterläßt typische Spuren: beim Einschlagen von Markierungszeichen in den Baumstamm mit der Axt ist das nicht anders als beim Kerbschnitzen. Jedes Messer, jedes Schnitzeisen hinterläßt eine andere Kerbe – und in jeder Kerbe zeigt sich auch die Handhabung des Werkzeuges. Dementsprechend vielgestaltig sind die Kerbenformen. Trotz dieser Vielfalt gibt es nur drei grundlegende Formen: die keilförmige, die runde und die Kastenkerbe. Die letztere ist aber in dieser Aufzählung eher exotisch und gehört schon zum Bereich der Reliefschnitzerei. Die Rundkerbe wird mit dem Hohleisen geschnitten. Wenn man mit diesem Werkzeug, ohne abzusetzen, zu geschwungenen Mustern ausholt, zeichnet es weiche Bänder und Bögen. Mit diesem Eisen entstehen im Stich auch die schönen akkuraten Schuppenformen. Doch kommt die Rundkerbe nicht dem Facettenreichtum der Keilkerbe gleich, besitzt nicht jenes vexierende Lichtspiel in den Flächen und Flanken, auch fehlen ihr die abgestuften Hell-Dunkel-Kontraste, die dunkelzeichnenden Einschnittlinien des Messers im Kerbengrund.

Schnitzeisen oder Schnitzmesser?

Die überwiegende Zahl der abgebildeten Arbeiten sind mit dem Schnitzmesser ausgeführt worden. Es soll aber nicht verschwiegen werden, daß beim Kerbschnitzen auch mit Schnitzeisen gearbeitet werden kann. Dann ist jedoch der Werkzeugbedarf wesentlich größer, da für jede Kerbengröße das passende Eisen benötigt wird.

Das Schnitzmesser

Der ambitionierte Kerbschnitzer arbeitet allein mit diesem Werkzeug. Hersteller und renommierte Fachhändler machen es dem Anfänger allerdings nicht gerade leicht, gute Qualität einzukaufen: Das Angebot ist groß, aber unübersichtlich. Auf Abbildung 26 sehen Sie zwei Messer, ein Schnitz- und ein Stechmesser. Die Klinge des Schnitzmessers zeigt in Seitenansicht eine schnabelförmige, leicht nach unten strebende Schneidenspitze. Diese Klingenform ist günstig für die Handhabung, das Messer ermöglicht einen guten Druck, ohne daß man sich das Handgelenk ver-

renkt. Die Spitze des Messers umfaßt die Fasern beim Ziehen und Schneiden sichelförmig, durchschneidet sie also eher als sie mit Druck zu durchtrennen. Wenn Sie das Messerheft beim Bogenschnitt steil, beim Linienschnitt sehr tief halten müssen, um die Klinge möglichst der ganzen Länge nach im Material ziehen zu können, dann ist diese Messerform bestens geeignet.
Das Stechmesser dient dagegen weniger zum Abheben von Material als zum Markieren und Abstechen der Umrißlinien. Wenn es auch nicht so vielseitig eingesetzt werden kann wie das erstere, ist es dennoch ein unentbehrliches Werkzeug.

Das Schärfen der Messer

Die Klinge eines guten Schnitzmessers besteht aus hochwertigem Werkzeugstahl, und die Klingenschneide ist gehärtet, um die Schärfe möglichst lange beizubehalten. Auch neue Messer müssen vor der Erstverwendung geschärft werden. Für diese Arbeit brauchen Sie vor allem Ruhe und Zeit. Verwenden Sie auf die Vorbereitung Ihres Werkzeuges viel Sorgfalt, denn nur mit einem gut geschärften Messer lassen sich starke, tiefe Linien und Bögen und glatte, saubere Flächen mit einem einzigen Schnitt erreichen. Mit einem stumpfen Messer zu arbeiten, bringt nichts als Entmutigung und Frustration. Schärfen Sie also häufig, nehmen Sie erst einen groben Anschliff vor, dann mit einem feinen Abziehstein den Nachschliff. Beim Schärfen kommt es auf den korrekten Auflagewinkel an: Das Schnitzmesser liegt fast gänzlich flach auf dem Schärfstein auf. Der erforderliche Winkel ist erreicht, wenn Sie gerade noch eine Münze knapp unter den Messerrücken schieben können.
Keramische Schleif- und Abziehsteine haben mehrere Vorteile gegenüber den Natursteinen: Keramische Steine bleiben absolut eben und verschleifen daher Ihre Schneide nicht. Beim Schleifen wird auch keine Gleitflüssigkeit benötigt, und nach einem groben Vor- und einem ultrafeinen Nachschliff ist Ihr Messer wirklich einwandfrei scharf. Mit dem Abziehleder können Sie die Schärfe noch etwas optimieren. Halten Sie das Schärfwerkzeug immer einsatzbereit, um die Schneide jederzeit nachbearbeiten zu können!

Schnitzeisen

Für das Schnitzen von Rundkerben werden sogenannte Hohleisen benötigt. Dies sind U-förmige Werkzeuge, die in allen Breiten erhältlich sind. Es können nicht, wie beim Schnitzmesser, alle Kerbengrößen mit einem Werkzeug gearbeitet werden, sondern man braucht für jede Kerbenbreite das passende Eisen. Für den Anfänger sind drei verschieden breite Eisen ausreichend, um Schuppen und Linien zu arbeiten: ein ganz schmales mit einer Breite von 2 mm für feine Linien; ein mittleres von 8 mm Breite und eines mit 14 mm Abmessung.
Auch hier müssen Sie auf gute Stahlqualität achten. Am besten sind Sie mit einer Herstellerfirma beraten, die im Sortiment auch Werkzeuge für Holzbildhauer führt (siehe Abb. 27, 28).

27 Verschiedene Hohleisen.

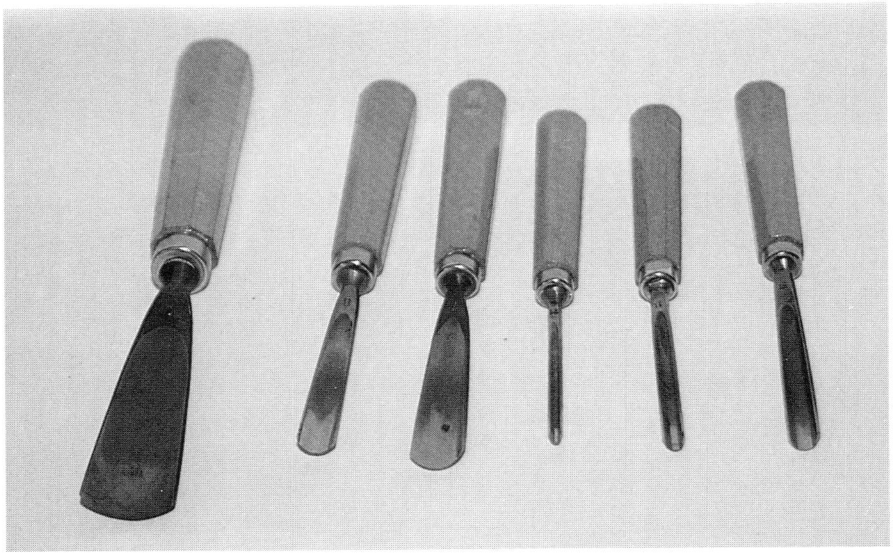

28 Am Korundstein wird der Grundanschliff ausgeführt.

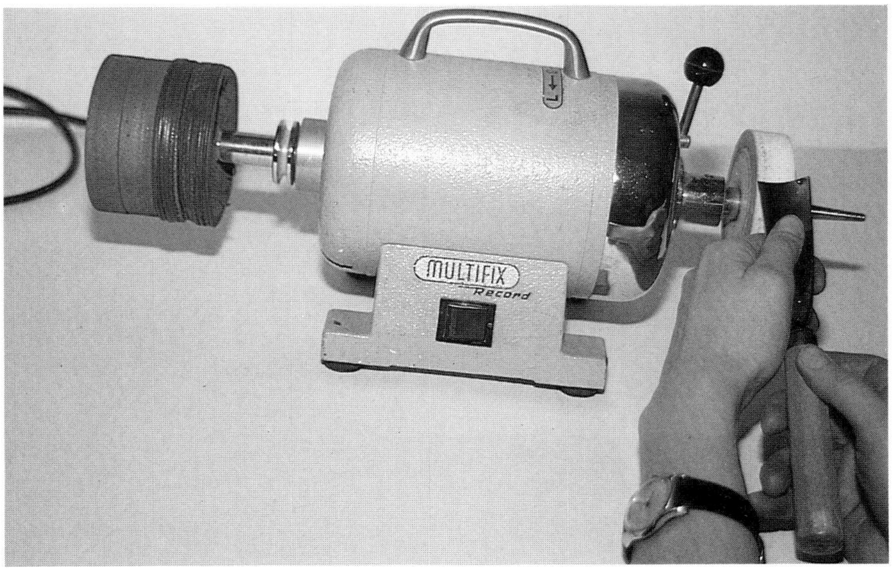

Das Schärfen der Schnitzeisen

Es besteht aus mehreren Arbeitsschritten. Zuerst erhält das Werkzeug den groben Anschliff am Schleifstein, daran anschließend den feinen Schliff mit dem Abziehstein. Letzte Feinheit erreicht man mit dem Abziehleder. Neue Eisen sind in der Regel zu kurz angeschliffen; das Messer hat dabei keine Führung. Ist der Anschliff zu lang, bricht dagegen der Stahl bei Belastung gerne aus. Ein Mittelwert ist daher anzustreben. Wenn Sie mit hochtourigen Maschinen schleifen, müssen Sie den Auflagedruck auf die Korundscheibe auf ein Minimum reduzieren. Eventuell kühlen Sie das Metall immer wieder zwischendurch im Wasser ab. Wird das Metall blau, ist dem Stahl die Härte genommen, und Sie müssen das Werkzeug zurückschleifen. Beim Anschleifen bleibt an der Schneide ein hauchdünner Grat stehen. Das Hohleisen ist gerade aufzusetzen und mit wiegenden Bewegungen von einer Seite auf die andere zu drehen.

Entfernen Sie den Grat nicht durch gewaltsame Manipulation. Er fällt ganz von selbst ab, wenn Sie mit einem Abziehstein sorgfältig zu Werke gehen.
Das Nachschärfen am Abziehleder ist etwas sehr Einfaches. Setzen Sie die Schneide auf dem mit Polierpaste eingestrichenen Brandsohlenleder kräftig auf und ziehen sie mit Druck entlang. Das Ganze wiederholen Sie einige Male. Prüfen Sie die Schärfe an einem Stück Lindenholz. Halten Sie das Leder stets griffbereit – Sie müssen während der Arbeit immer mal nachschärfen.

29 Mit Schuppen- und Hohlschnittmustern verzierte eckige Dose.

ENTWURF UND ZEICHNUNG

Wenn ein sehr erfahrener Kerbschnitzer mit nur wenigen Hilfslinien das Motiv direkt in das Holz schneidet und dies ebenso mühelos und selbstverständlich kann, wie ein guter Maler den Tuschepinsel übers Papier zieht, dann vergessen wir einen Moment lang, daß er nicht mit dem Pinsel, sondern mit einem Messer arbeitet. Mit ein paar Strichen ist der Gegenstand umrissen. Abgestufte Hell-Dunkel-Valeurs heben hohe Stellen heraus und setzen tiefere zurück in den Raumhintergrund. So leicht geht das also!

Die Wirklichkeit holt den Anfänger aber ganz schnell ein. Und zwar, sobald er die ersten eigenen Versuche macht. Anders als das Papier des Malers stellt die Holztafel den Schnitzer vor ganz eigene Herausforderungen. Am Anfang sind wir so sehr mit Entwurfsarbeiten beschäftigt, daß wir nicht mehr an das Material denken.

Ist dann der erste Schritt einmal getan, die erste Kerbe geschnitten, so gibt es meistens keinen Weg mehr zurück. Wir müssen nun der Vorlage folgen, über alle Hindernisse, über Äste und Leimfugen hinweg. Zu spät sehen wir, daß die allzu aufdringliche Maserung unsere Arbeit durchkreuzt und verdirbt.

Mit etwas Planung und Umsicht schon beim Entwerfen können wir uns jedoch vorsehen. Wenn wir das erwähnt aufdringlich gemaserte Brett überhaupt verwenden, müssen wir für das fertige Werk einen Bestimmungsort mit Seitenbelichtung finden. Oder einen Entwurf mit sehr kräftigen tiefen Kerben vorsehen, die der Zeichnung Geltung verschaffen.

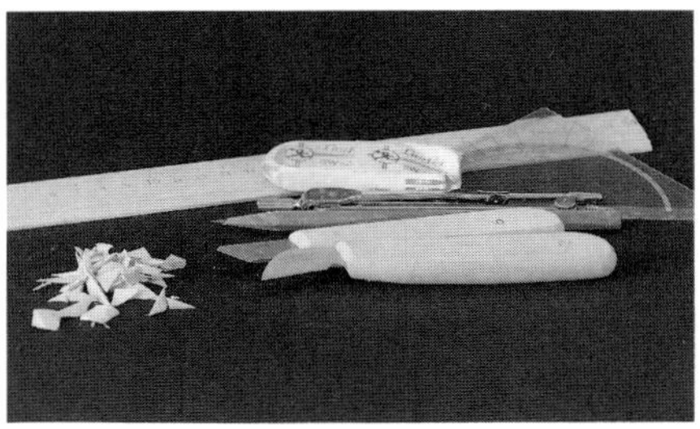

30 Zum Zeichnen genügen einfache Hilfsmittel: Lineal, Zirkel und Geodreieck.

Tiefe Kerben sind zwar leichter zu schneiden als flache. Wenn Sie aber gegen die Faser arbeiten müssen, passiert es leicht, daß die Klinge abgedrängt wird und sich in Untiefen vergräbt. Versuchen Sie deshalb nicht, einen fransigen Schnitt durch wiederholtes Nachschneiden zu versäubern. Noch weniger ist der angehende Kerbschnitzer den Anforderungen gewachsen, die das Schneiden einer sehr flachen Kerbe an ihn stellt.

Angesichts der zahllosen Unwägbarkeiten halten wir uns an die folgenden Hinweise: Die Stärke des Striches, die Breite der Kerbe sind von der Größe des Sujets vorgegeben! Wenn wir die Kerbenflanken im 60-Grad-Winkel anlegen, bekommen wir ganz von selbst die richtige Tiefe. Diese Kerbe zeichnet sehr gute Kontraste. Außerdem ist gewährleistet, daß Sie die ersten Versuche auch bewältigen.

Wir müssen den Blick aber auch in die andere Richtung, sozusagen von unseren eigenen Problemen weg, lenken. Wenn man von den Gesetzen des Materials spricht, sind nicht nur die Hindernisse gemeint, die uns in den Weg gelegt sind. Gemeint ist die dem Material angemessene Bearbeitung und Behandlung. Wenn wir das Holz und dessen Eigenarten für unsere Ziele nutzen wollen, müssen wir auch manchmal unsere Wunschziele zurückstellen, damit es für uns arbeiten kann.

31 Verschiedene Bandmuster für das Zahnmotiv.

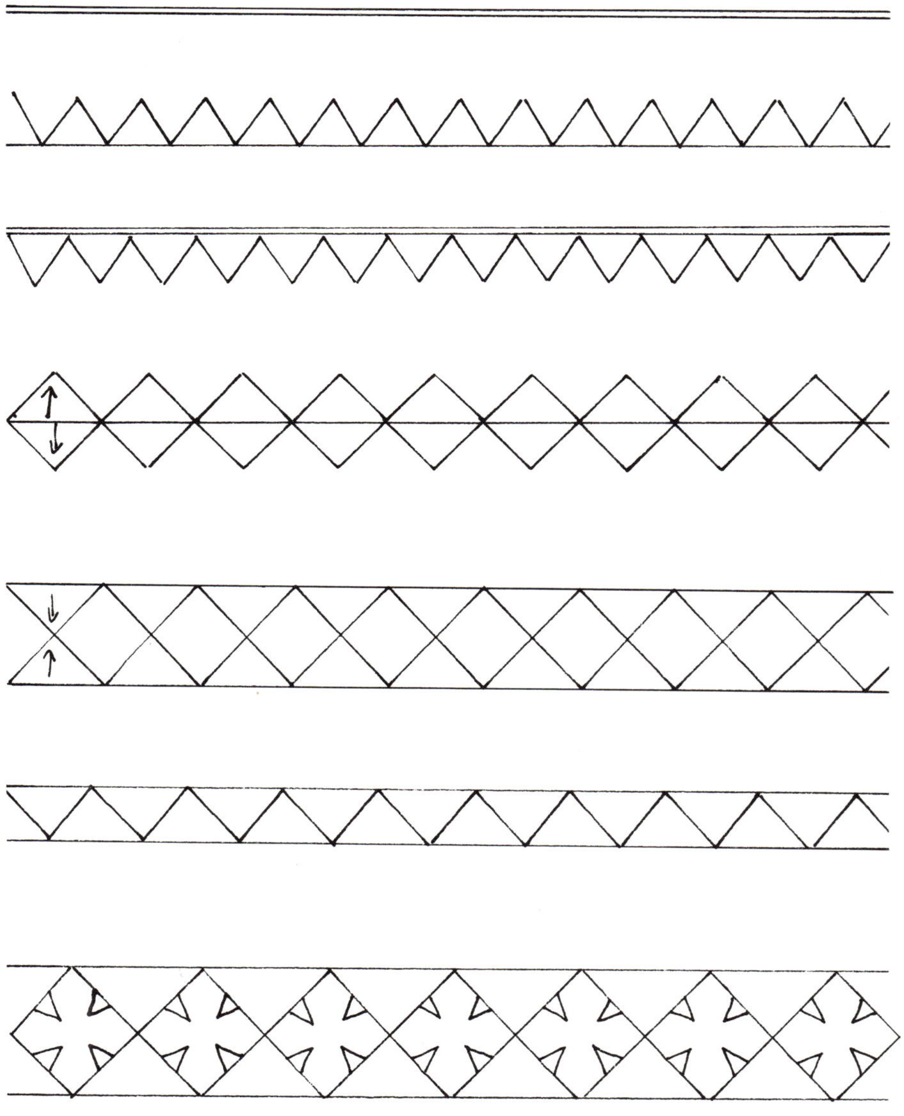

32 **Bandmuster, die in Bogenschnitten ausgeführt werden.**

Übertragen der Vorlage

Wenn Sie die Vorlage mit dem Kohlepapier auf das Holz übertragen wollen, so befestigen Sie Zeichnung und Pauspapier mit zwei Reißnägeln am Brett. Pausen Sie nun einige markante Punkte durch. Decken Sie anschließend auf und verschaffen Sie sich einen Überblick, ob sehr prominente Stellen der Zeichnung nicht gerade auf eine Leimfuge oder auf einen Holzfehler treffen. Wenn dies der Fall ist, können Sie die Zeichnung und das Pauspapier entsprechend verrücken.
Es ist unübertroffen das beste Verfahren, den Entwurf oder die Vorlage direkt mit Bleistift, Zirkel und Lineal auf das vorbereitete Brett zu übertragen. Je exakter Sie die Zeichnung ausführen, um so sauberer wird später die Schnitzarbeit. Lassen Sie unwesentliche Details am Anfang beiseite. Verschaffen Sie sich einen Überblick über die verschiedenen Höhen- und Tiefen-Niveaus. Schraffieren Sie die zu- und gegeneinander gekippten Flächen zart mit Bleistiftstrichen.

Komposition

Der Anfänger beginnt am besten mit dem Studium der überlieferten Motive. Beim Nachzeichnen und Nachschneiden entwickelt sich das Gespür für stilistische Fragen, für Bewegung, Gewichtung, für das Zusammenwirken der Teile. Gleichzeitig nehmen auch die technisch handwerklichen Fertigkeiten zu.
Das Zusammenstellen, das Komponieren der Motive zum ersten eigenen Entwurf erfordert schon einige Erfahrung. Wenn Sie sich in stilistischen Fragen noch nicht ganz sicher sind, sollten Sie sehr zurückhaltend vorgehen. Kombinieren Sie nicht Unvereinbares, mischen Sie nicht Muster verschiedener Stile und Epochen. Überfrachten Sie den Bildaufbau nicht. Nichts ist schlimmer als ein Bild mit einer bombastisch überladenen Motivansammlung.

33 Bandmuster mit Schuppenstich, Linienschnitt und Rosettenband.

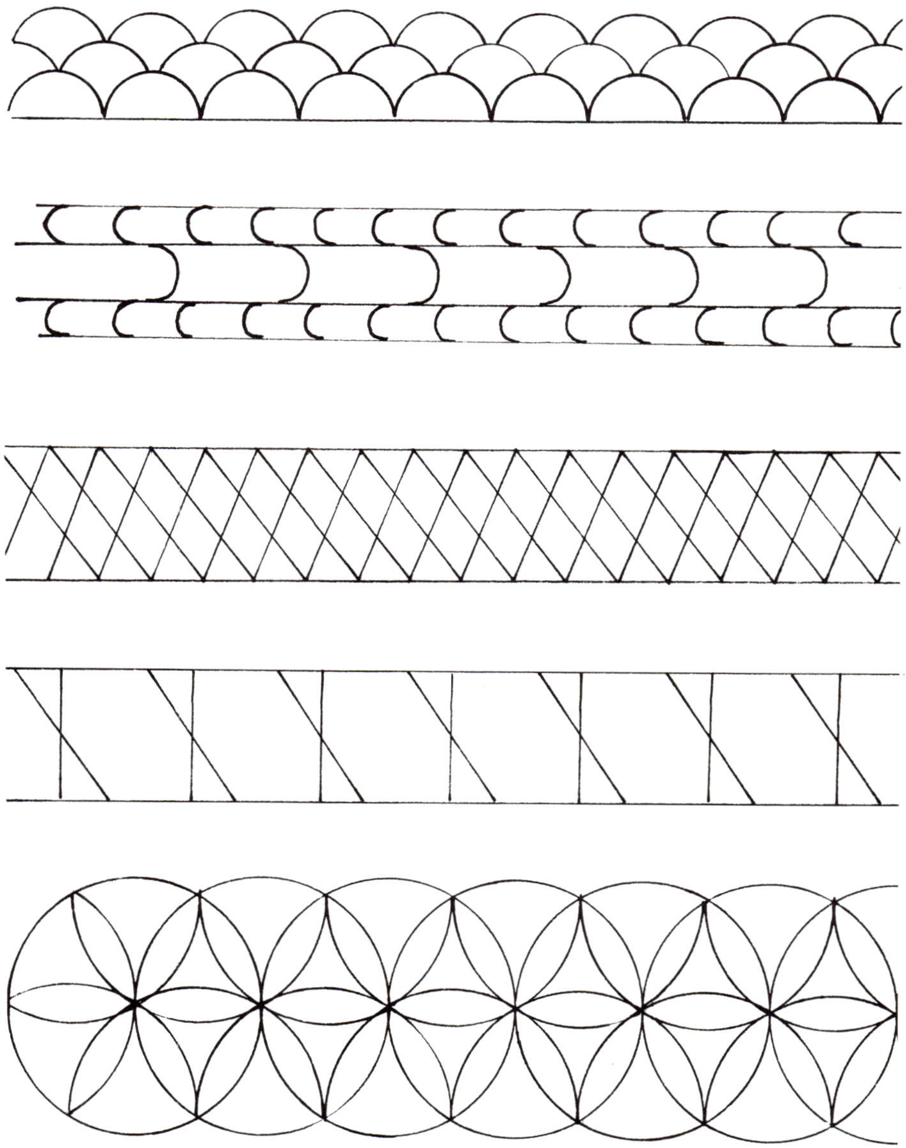

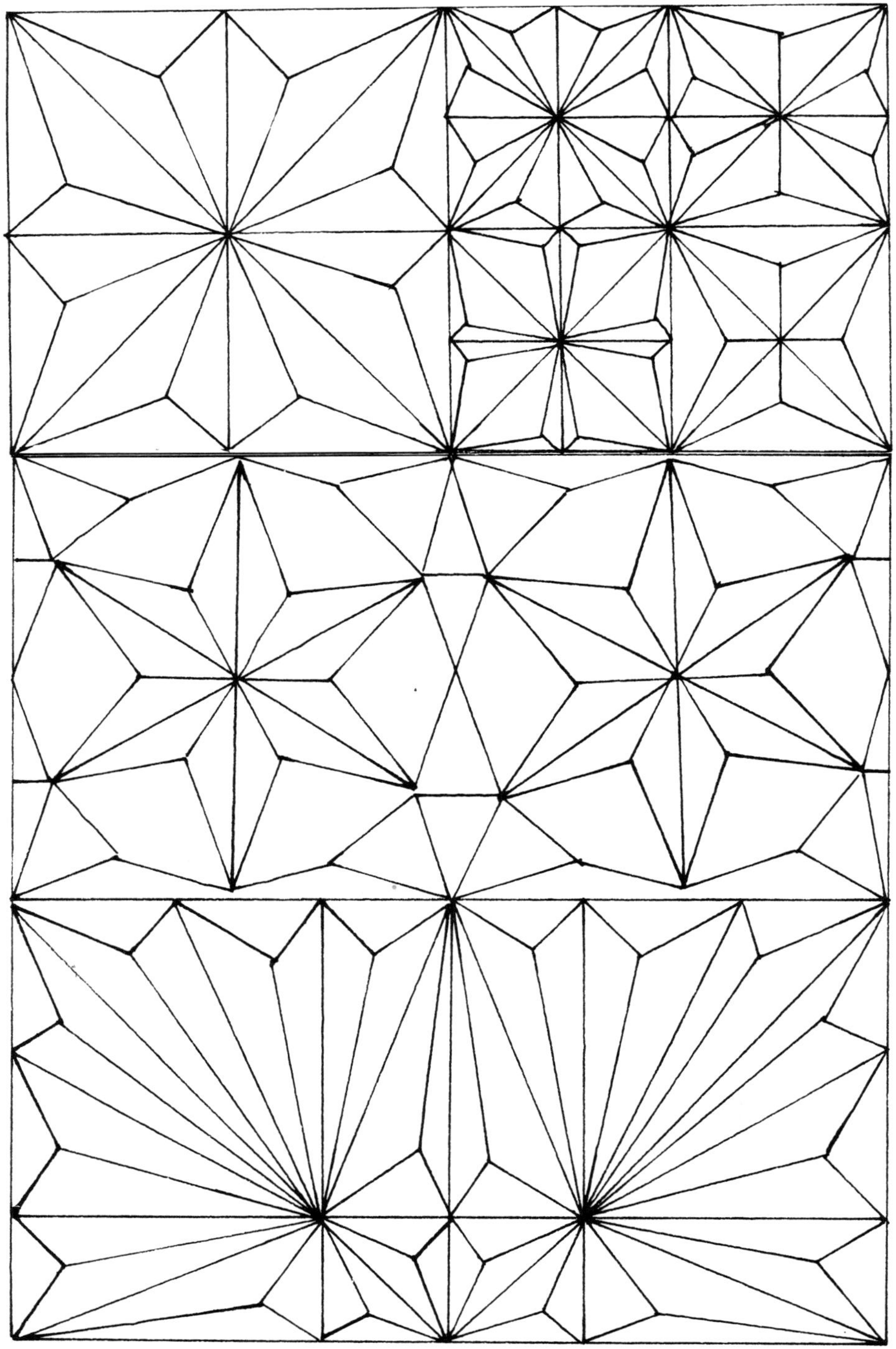

34 Sternmuster in allen möglichen Varianten.

35–38 Allerlei Rosettendekore. ▷

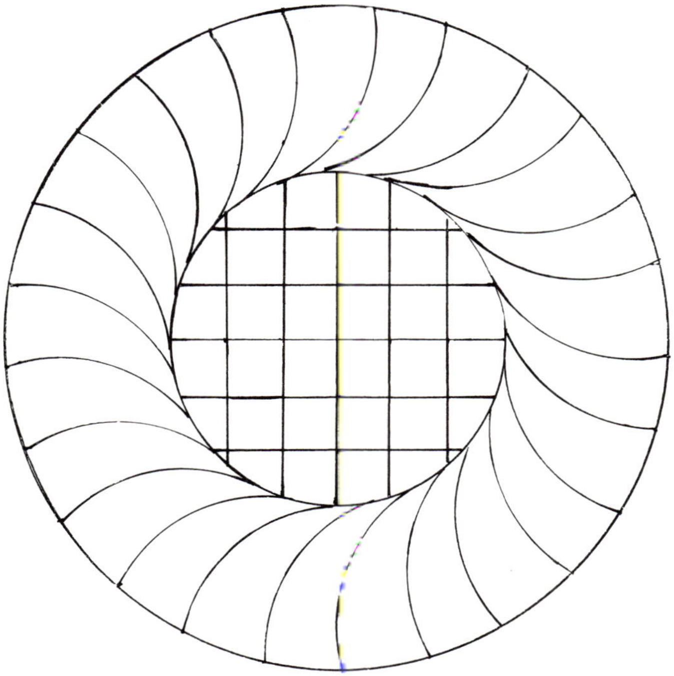

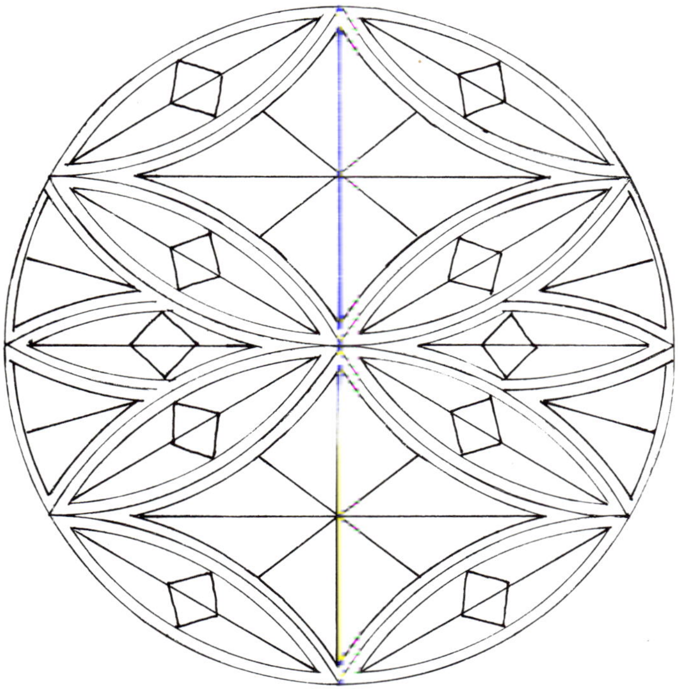

39 Aus dem Sechsstern wird hier ein Achtstern.

40 Eine zusätzliche Quadereinteilung läßt die Rosette strenger, geometrischer wirken.

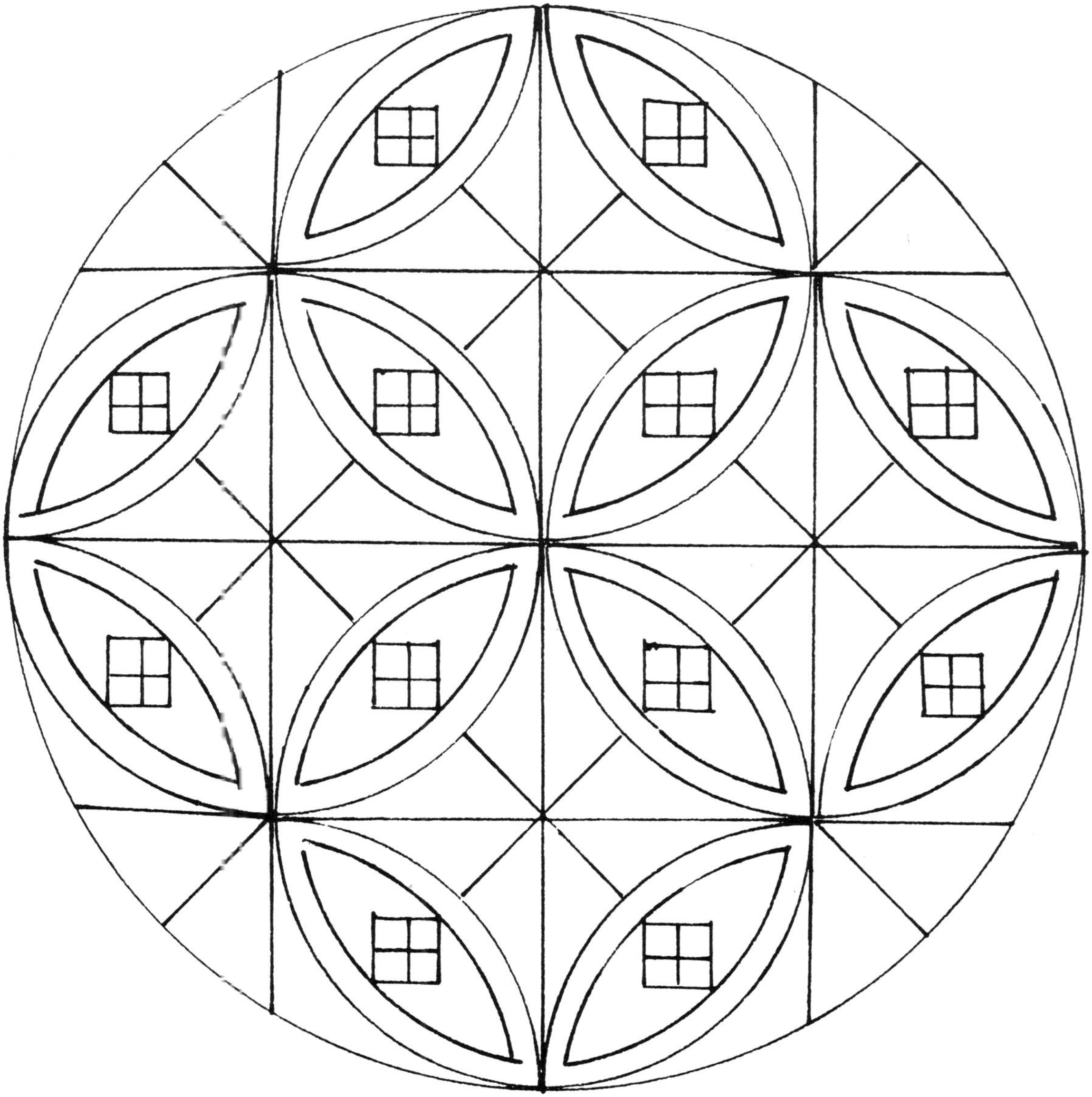

41 Diese Rosette gleicht einem Blütenkelch.

42 Bei dieser feinen, scherenschnittartigen Konstruktion wurde der Linienschnitt angewandt.

43–48 Für die runden Untersetzer wurden sechsteilige Rosetten mit Randmustern immer wieder neu kombiniert.

Kerbschnitzen können Sie auch in der Stadtwohnung – in der Küche und im Wohnzimmer, solange das Werkstück nicht zu groß wird. Das Arbeiten mit dem Messer macht keinen Lärm, an dem sich Nachbarn stören könnten, und es staubt auch nicht. Die Späne sind nach der Arbeit leicht zu entfernen. Wenn Sie Teppichboden haben, breiten Sie ein großes Tuch aus und räumen am Ende das Ganze mit den Holzschnitzeln wieder weg.
Zum Arbeiten genügt der Küchentisch; der Stuhl, auf dem Sie beim Schnitzen Platz nehmen, sollte Ihnen eine physiologisch gute Sitzhaltung ermöglichen und verhindern, daß Sie stundenlang in gebückter Haltung ausharren. Steht der Tisch an einem großen Fenster und ist die Belichtung ausreichend, so haben Sie schon fast alles, was Sie brauchen. Beim Festhalten des Werkstücks mittels einer Zwinge legen Sie Schoner unter, damit das Möbel und das Arbeitsbrett keine Schrammen bekommen. Für größere Arbeiten muß der Arbeitstisch etwas belastbarer sein. Vielleicht eignet sich eine zusammenklappbare Werkbank, wie sie in den Baumärkten angeboten werden.

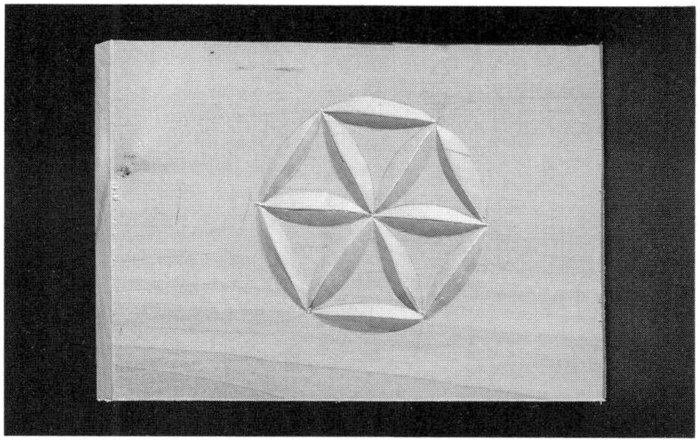

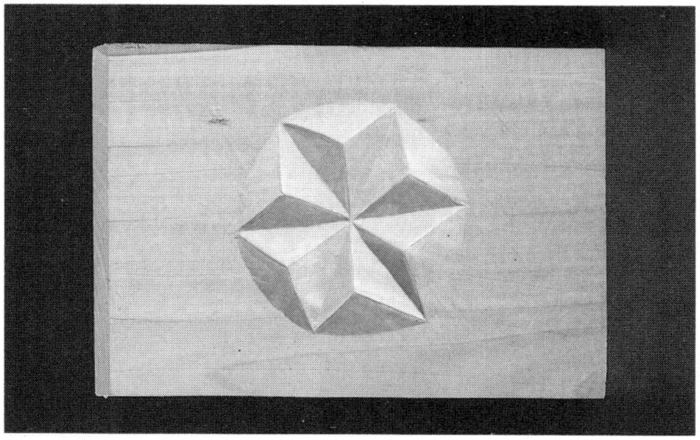

49–51 Die drei grundlegenden Motive des Kerbschnitzens – Rosette, Stern und Wirbel – sind auch in der einfachsten Grundform wirkungsvoll.

52 Aufskizzieren eines diagonalen Gittermusters innerhalb einer rechteckigen Form.

53 Die ersten Linienschnitte. Die Haltung des Messers ist klar zu sehen.

Linien

Das Schneiden von Linien erscheint sehr einfach. Aber das Ziehen einer sauberen V-Kerbe erfordert unter Umständen Ihre ganze Geschicklichkeit, wenn die Maserung nicht genau parallel zur Schnittlinie verläuft. Übertragen Sie die Linienreihen (Abb. 52) mit gleichen Abständen säuberlich auf das Übungsbrett (Format 12 x 18 cm). Auf den Faserverlauf haben Sie in dieser Übung keinen Einfluß, es sei denn, Sie haben das Format des Brettes auf den Verlauf der Linien abgestimmt.
Halten Sie das Messer wie einen Bleistift zwischen Daumen und Zeigefinger und fixieren das Lindenbrett mit der linken Hand. Setzen Sie die Klinge schräg (60°) an der Markierungslinie an. Der Handballen ist fest aufgestützt. Drücken Sie die Messerklinge am Ansatz (Abb. 53) schräg in das Holz, bis Sie den tiefsten Punkt des V erreichen. Ziehen Sie die Klinge ein paar Millimeter an der Linie entlang und drücken Sie die Klinge gleichzeitig der Länge nach in das Holz. Die Messerspitze ist beim Ziehen des Schnittes unverändert im Scheitel der Kerbe zu führen.
Ganz genauso schneiden Sie die andere Seite der Kerbe (Abb. 55). Drehen Sie das Brett, wenn Sie gegen die Faser schnitzen. Arbeiten Sie von der entgegengesetzten Richtung, wenn Fasern das Messer abzudrängen drohen. Arbeiten Sie mit Konzentration und Ruhe. So werden Sie sicher in einem Zug den Span abheben. Andernfalls schneiden Sie nach.
Bevor Sie an die nächste Kerbe gehen, machen Sie eine kurze Pause. Schauen Sie sich die bisherige Arbeit genau an: Ist die Grundlinie gerade geworden? Ist die Messerspitze zu weit übers Ziel hinausgeschossen? Ist dabei das Material im Kerbengrund aufgerissen, fransig und spröde geworden?
Der Randdekor auf dem Musterbrett hat breitere Kerben. Wenn Sie die gleiche Kerbentiefe beibehalten, müssen Sie die Kerbenschenkel weiter öffnen. Sie müssen das Messer flacher ansetzen. Das ist schwieriger, da die Klinge im Material weniger Führung hat. Üben Sie diese flacheren Kerbschnitte daher auch häufig.

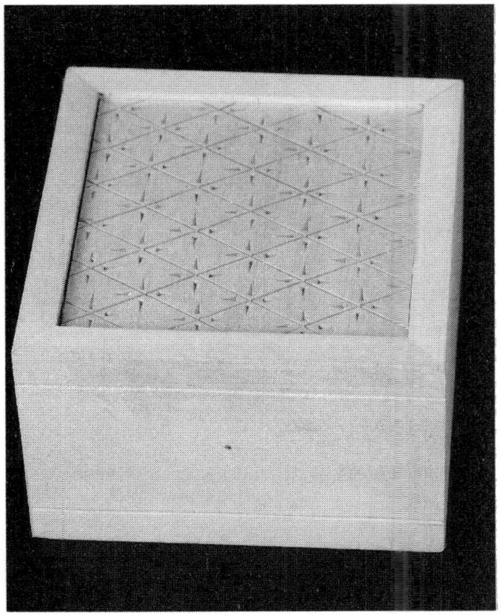

54 **Ein fertiger Kästchendeckel ist mit Linien- und Keilschnitten geschmückt.**

Große Kerben müssen mit mehr Kraft gezogen werden. Dazu halten Sie das Messerheft fest in der Hand und umfassen es mit den Fingern (Abb. 56). Die Klinge zeigt in Richtung Unterarm. Sie stützen den Handballen sicher auf und drücken das Messer mit großer Kraft in das Holz. Bei flacher Klingenführung behindern sich die nach außen gedrehten Knöchel der Hand. Das Heft wird zu kurz. Große Kerben werden mit größeren Messern geschnitten (vergleiche dazu den Abschnitt über »Werkzeuge«, Seite 16).

55 **Die Handhaltung bei flacheren Kerbschnitten.**

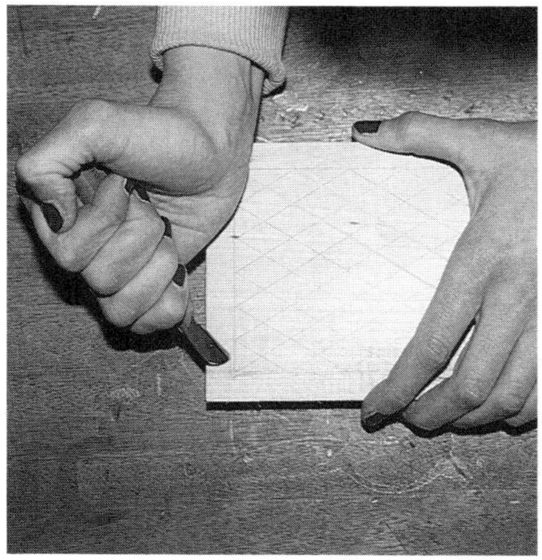

56 **Beim Schneiden von größeren Kerben ist das Messer so zu halten, daß die Klinge zur Handkante hin zeigt.**

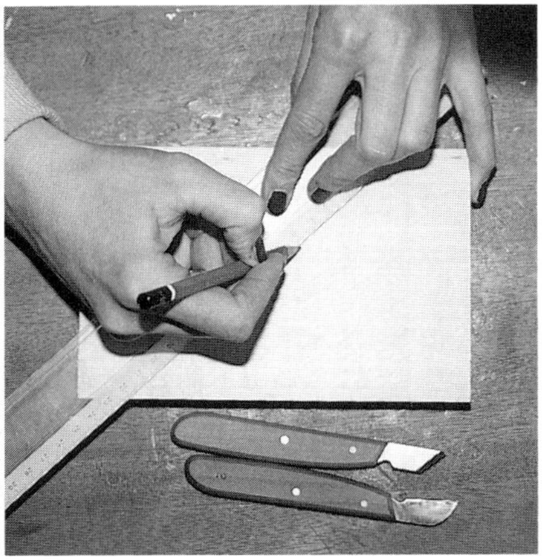

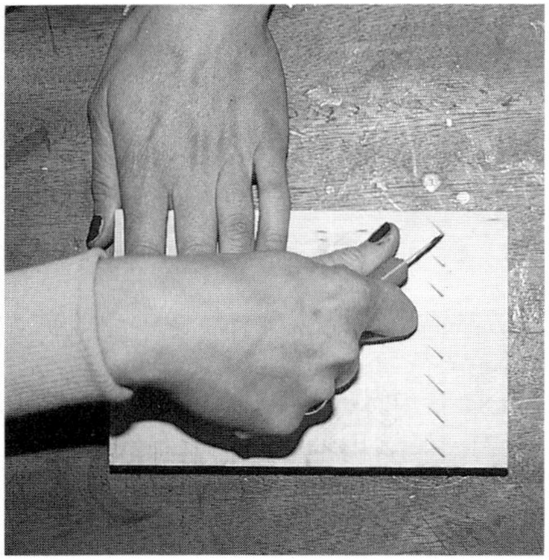

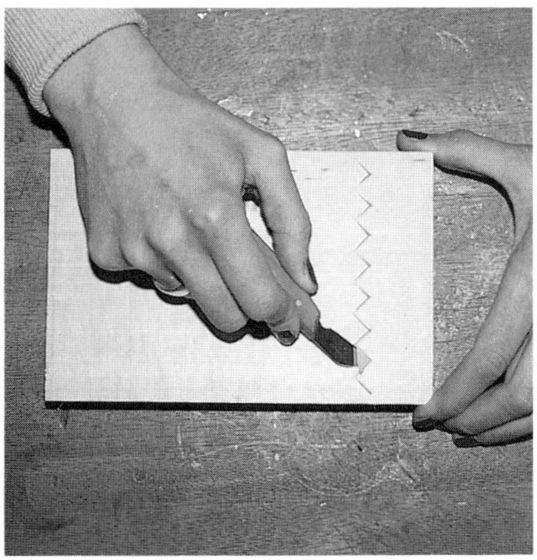

57–59 Aufzeichnen und Schnitzen des Zick-Zack-Musters.

Zahnmuster (Zick-Zack-Muster)

Übertragen Sie wieder die Vorlage (Abb. 57) auf das Brett. Zeichnen Sie die Zahnmuster in der vorgegebenen Anordnung und Reihenfolge säuberlich nach. Beginnen Sie mit dem Einschnitt wie in Abbildung 58. Dazu umfassen Sie das Messer fest am Griff, die Klinge zeigt zum Daumen hin. Den Daumen stützen Sie leicht auf dem Brett auf. Setzen Sie das Messer an der Spitze des Sägezahns an (Abb. 59). Stechen Sie die Messerspitze etwa 2 mm senkrecht in das Holz. Dies ist der tiefste Punkt des Schnittes. Am höchsten taucht die Schneide der Klinge wieder aus der Holzoberfläche auf.

Am besten stechen Sie alle Markierungen mit der gleichen Richtung ab. Dann bringen Sie das Brett in Position, so daß Sie bequem die anderen Markierungen nachstechen können. Zuletzt müssen Sie den Span abheben. Sie setzen die Messerspitze an der Stelle an, wo der Stich an der Brettoberfläche auftaucht (Abb. 59). Tasten Sie mit der Klingenspitze der Linie nach, die im Holz den höchsten und tiefsten Punkt verbindet. Drücken Sie die Klingenspitze in Richtung Zahnspitze, indem Sie das Messer an den aufgestützten Daumen heranziehen. Die Messerspitze verharrt an der tiefsten Einstichstelle. Jetzt drücken Sie die Schneide, bis sie den Punkt erreicht, wo die andere Einstichlinie an die Oberfläche kommt. Das abgehobene Holz fällt in einem Stück heraus. Erweitern Sie diese Zahnmuster, wie in der Vorlage (Abb. 60) gezeigt.

60 Die verschiedenen Hoch-Tief-Wirkungen, die sich durch Negativ- beziehungsweise Positivschnitt ergeben, wirken verblüffend plastisch.

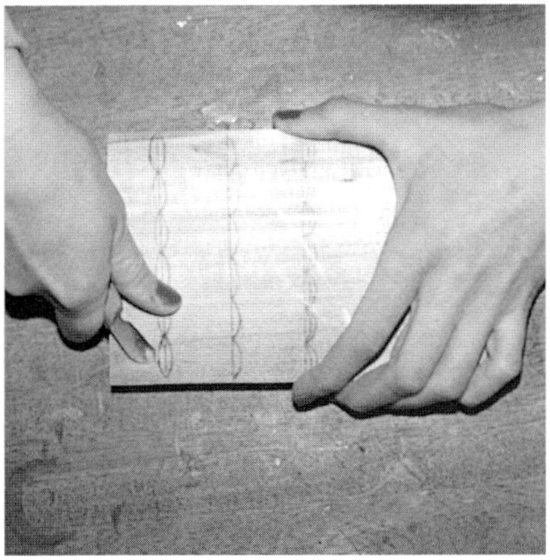

61–63 Aufzeichnen und Ausführen der Bogenschnitte.

Bogenschnitte

Übertragen Sie wiederum die Zeichenvorlage von Abbildung 61 auf das Lindenholzbrett. Beim Bogenschnitt wird das Messer sehr steil gestellt; je steiler, um so engere Bögen können Sie ziehen und um so leichter können Sie die Klinge im Material drehen und steuern.
Nehmen Sie das Messer wieder wie einen Bleistift zur Hand. Der Handballen ist aufgestützt, die Klinge auf den Anfang des Bogens aufgesetzt (Abb. 62). Drücken Sie die Klingenspitze langsam absteigend in das Material. Folgen Sie der gedachten Bogenlinie im Holz, während Sie die Schneide an der Bogenmarkierung auf dem Brett entlangführen. Ziehen Sie die Klinge bis in die tiefste Stelle des im Holz verlaufenden Bogens. Dabei verfolgen Sie weiterhin mit der Schneide die Markierung. Die Klinge wird flacher und flacher, bis der tiefste Punkt erreicht ist. Dann passiert alles in umgekehrter Reihenfolge. Die Klinge wird wieder zunehmend steiler gestellt. Der Druck auf das Messer wird weniger und weniger. Sie ziehen die Messerspitze noch immer der Bogenlinie im Holz folgend bis an den Punkt, wo sie aus dem Material wieder austritt.
Drehen Sie jetzt das Brett und machen Sie den Gegenschnitt. Wenn Sie die Schnittlinie im Holz exakt ziehen, fällt der Span in einem Stück aus der Kerbe. Schneiden Sie so Bogenkerbe für Bogenkerbe. Am Ende bekommen Sie ein schönes Bandmuster. Beispiele für weitere Bogenmuster zeigen die Abbildungen 64, 75, 76 am Rand.

64 Die Bogenschnitte auf diesem Übungsbrett sind zur Gestaltung floraler Elemente und von Girlanden ideal.

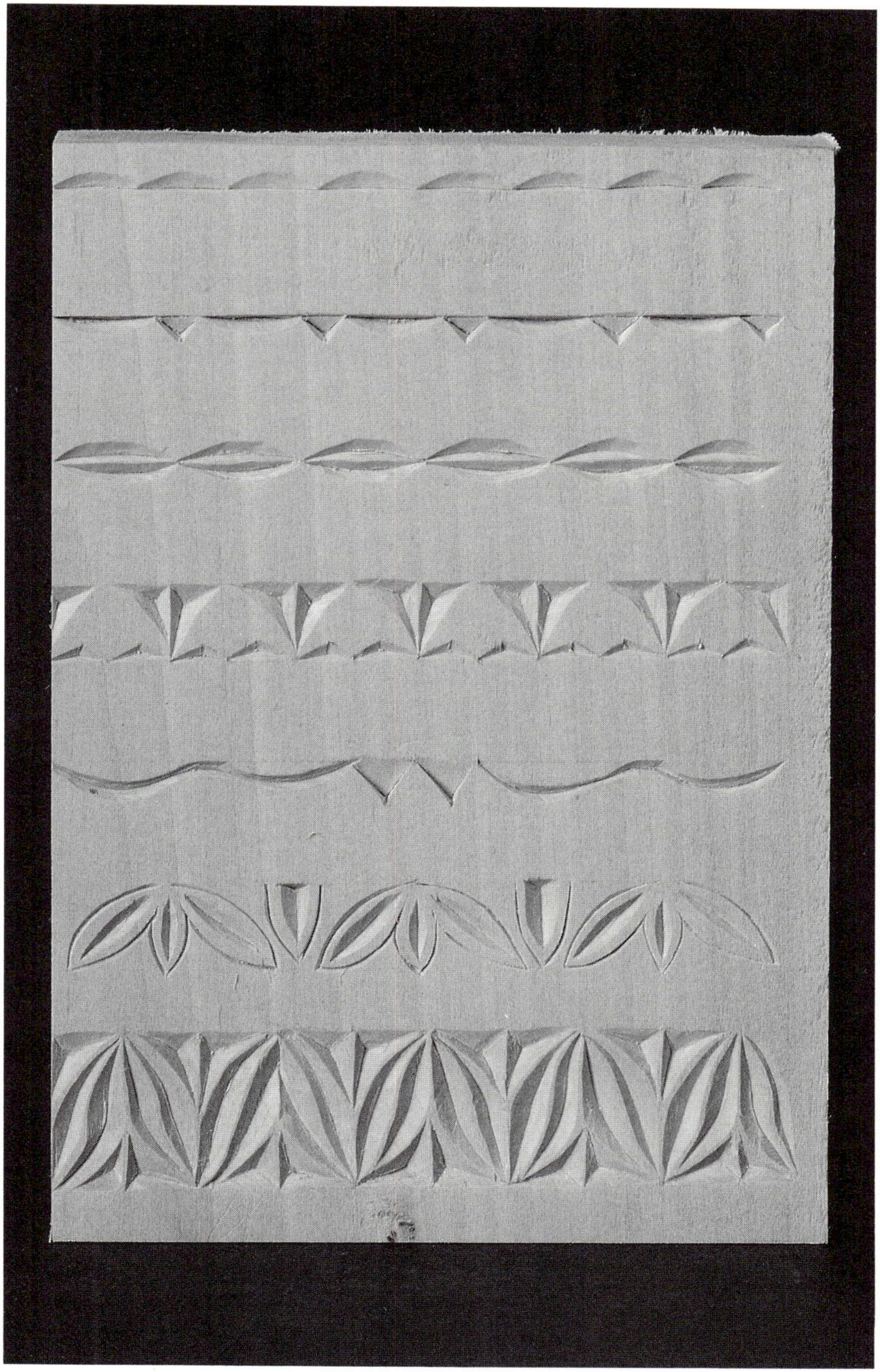

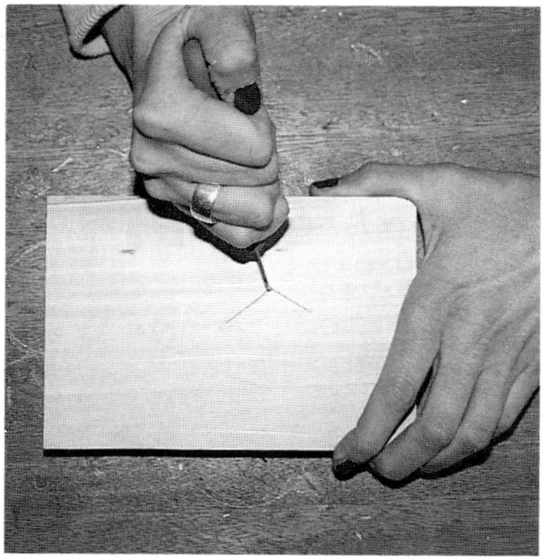

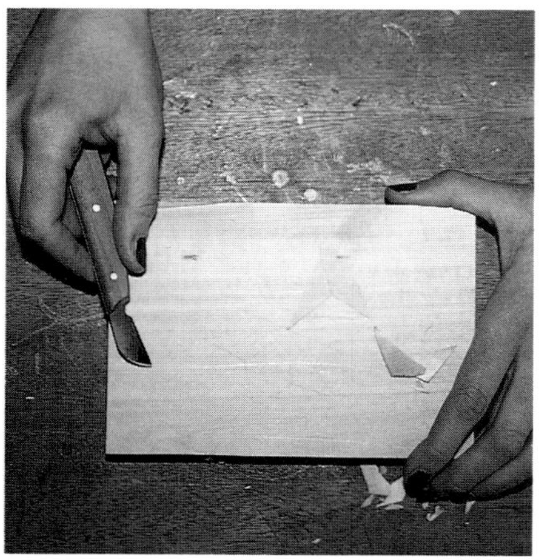

65–67 Ein Sternmuster wird eingeschnitten.

Sternmuster

Theoretisch könnten wir auch schon am arabesken Muster an der komplexen Figur üben. Nur ist dieses Vorgehen für den Anfang sehr unökonomisch. Wir beginnen deshalb mit dem elementaren Grunddekor, lassen alle ablenkenden Nebensachen weg. Der Anfänger hat alle Hände voll damit zu tun, das Werkzeug und die dem Material eignenden Kräfte zu beherrschen.
Das vorliegende Sternmuster entspricht der oben erwähnten elementarsten Form. Eigene Variationen und die Suche nach der Erweiterung des Themas werden erst dann vom angehenden Schnitzer erwartet, wenn nach vielem Üben an den elementaren Motiven die Werkzeug- und Materialbeherrschung vollkommen ist.

Beweisen Sie Phantasie, Mut und Ausdauer beim eigenen Gestalten. Kopieren Sie nicht nur die Muster und Illustrationen der Muster.

Die Vorlage für das Sternmotiv übertragen Sie wieder von Abbildung 34 auf Ihr Übungsbrett. Diese Figur ist sehr einfach zu schnitzen. Gehen Sie trotzdem mit Sorgfalt und Konzentration ans Werk. Sie müssen große gerade Flächen schneiden, ähnlich den Aushubschnitten beim Zick-Zack-Muster.
Beachten Sie den Faserverlauf und sprengen Sie den Span nicht einfach ab. Die Schnittflächen werden sonst so rauh wie mit dem Beil gespaltenes Scheitholz. Ertasten Sie den Faserverlauf beim Schneiden. Wenn der Span abspaltet, müssen Sie möglichst mit der ganzen Schneidenlänge die Fasern seitlich durchtrennen – gerade so, als ob Sie beim Spaltholzmachen mit einer überdimensionierten Klinge längs in das Holz schlügen. Sie benötigen dazu die Unterstützung des Zeigefingers der anderen Hand. Setzen Sie ihn auf den Klingenrücken auf und drücken Sie die Klinge kräftig in das Material. Sie haben dann, je nachdem, wie gut Ihr Werk-

68 Sternformen sind auch für Backmodel besonders beliebte Ornamente.

zeug geschärft ist, eine mehr oder weniger glatte (vielleicht glänzende) Schnittfläche. Verläuft die Faserschicht aber abholzig, das heißt taucht sie aus der Schnittfläche in tiefere Schichten ab, so werden Sie sich zufriedengeben müssen, wenn der Span nicht abspaltet und Ihr Messer eine einigermaßen glatte Oberfläche hinterläßt.

Aber vielleicht hatten Sie mit keiner dieser Tücken des Materials zu kämpfen: Das Motiv ist sauber geschnitten, die Flächen glänzen, und es dürstet Sie nach neuen Taten! Dann versuchen Sie sich am negativen plastischen Aspekt des Musters. Gestalten Sie die Täler erhaben, die Sattel und Rücken als Kerben. Integrieren Sie Details und erweitern Sie die Zeichnung nach eigenen Vorstellungen. Haben Sie Geduld. Auch die Vorstellungskraft braucht eine mehr oder weniger lange Aufwärmphase.

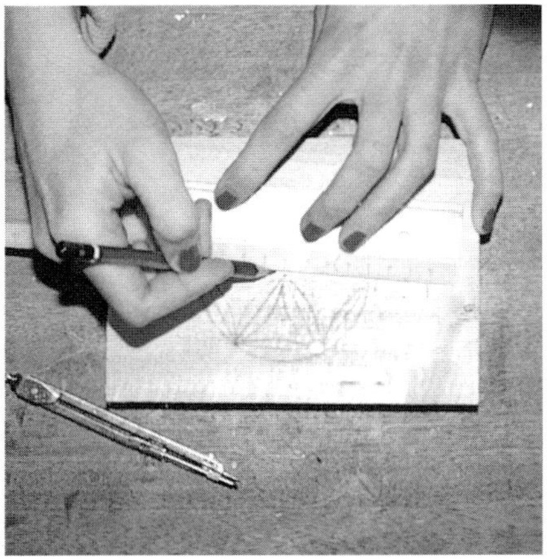

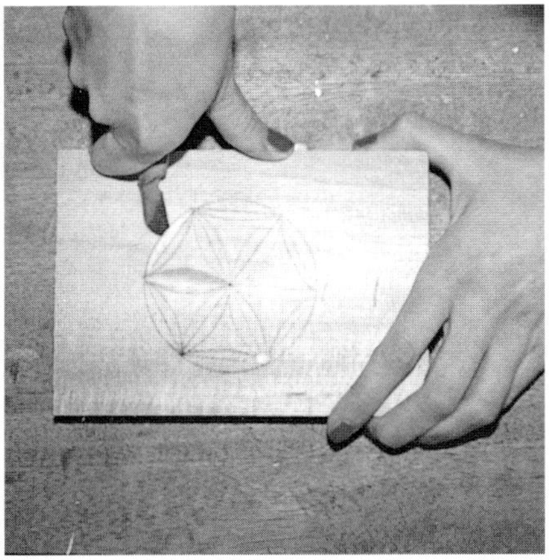

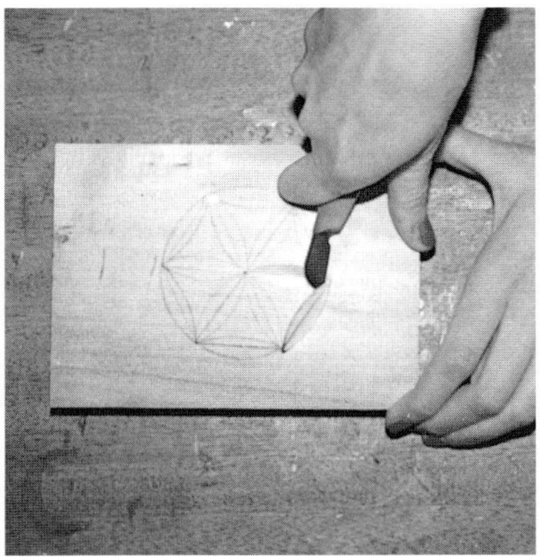

69–71 Aufzeichnen und Schneiden von Rosetten erfordern zügiges Arbeiten.

Rosetten

In dieser Anleitung zum Kerbschnitzen dient uns die elementarste Form einer Rosette zur Übung. Diese Grundform ist der Ausgangspunkt für eine Unzahl von Variationsmöglichkeiten. Experimentieren Sie mit dieser Form, suchen Sie nach eigenen Mustern. Halten Sie sich später nicht sklavisch an die Vorgaben.
Übertragen Sie, wie in den Übungen zuvor, die Abbildung 69 auf Ihr Holzbrett. Nehmen Sie zum Zeichnen Konstruktionshilfen. Schneiden Sie die Blätter der Rosette, wie Sie dies im vorhergehenden Abschnitt mit den Bogenschnitten geübt haben. Ergänzen Sie auf diese Weise ein Blatt nach dem anderen. So einfach geht das! Schon ist die Rosette fertig.
Gestalten Sie dafür beim nächsten Mal die Flächen zwischen den Blattkerben. Die Leerflächen (vgl. Abb. 77) haben anders als die Blätterkerben konvexe Bögen.
Wenn Sie diese Übung abgeschlossen haben, suchen Sie selbst nach Variationsmöglichkeiten. Finden Sie unterschiedlichste Wege, diese Grundform abzuwandeln und auszuschmücken.

72 Rosettenmuster mit geschnitzten Blattkerben und Zwischenräumen für ein rundes Brett.

77 Türbrett eines kleinen Schrankes mit Rosetten.

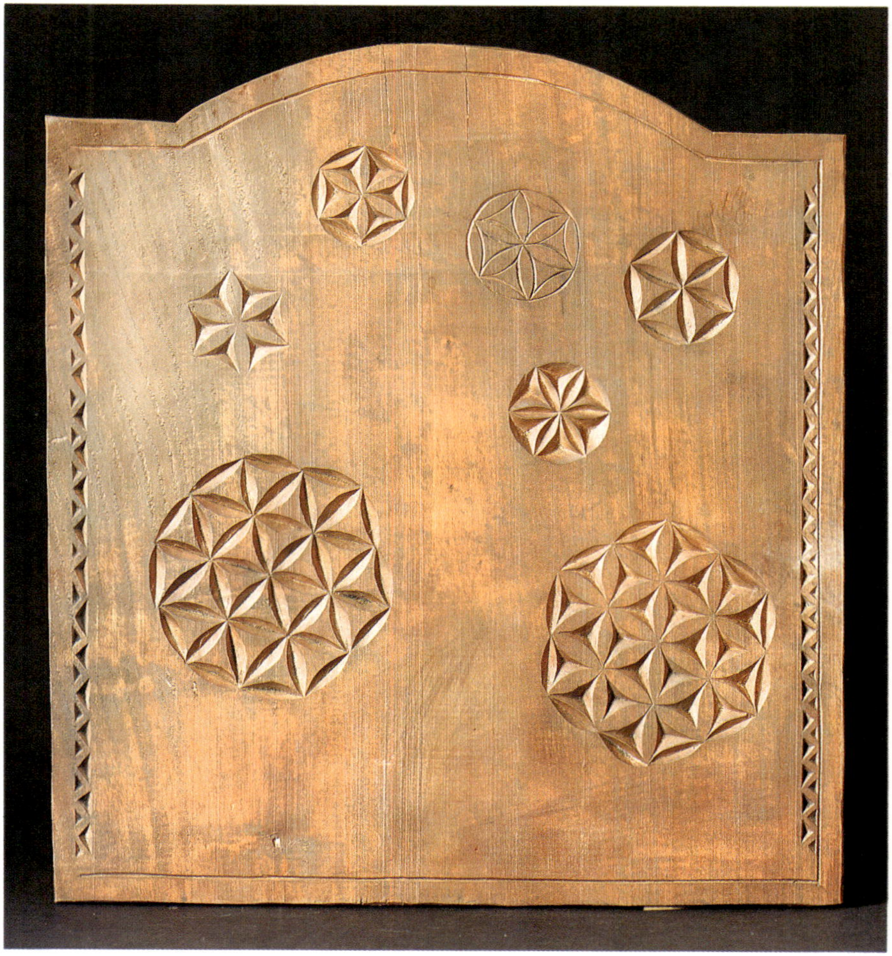

◁ 73–76 Manche Rosettendekore wirken optisch sehr dynamisch, wie hier bei den sechseckigen Untersetzern.

78 Sehr schön ist hier der Kontrast von scharf abgesetzten, edelsteinschliffartigen Facetten innen und flachen, sanft überlappenden Blättern außen.

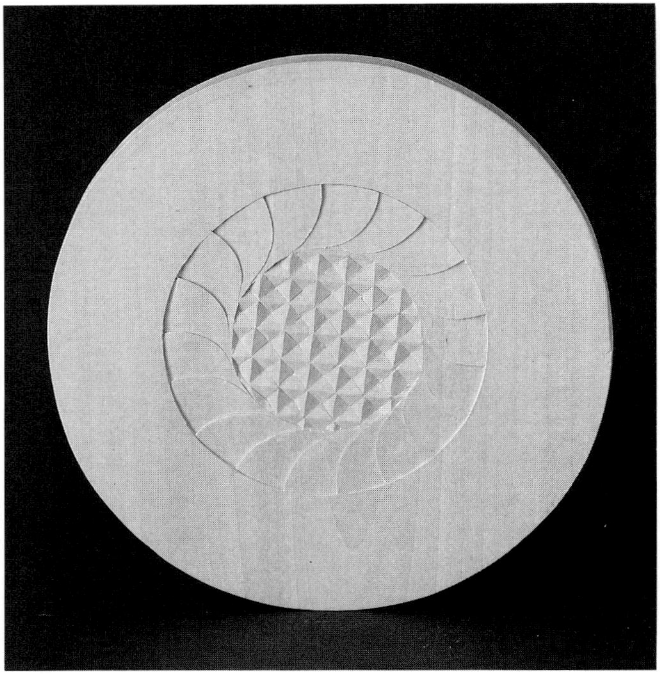

79 Der Übergang von der Rosette zur Palmette …

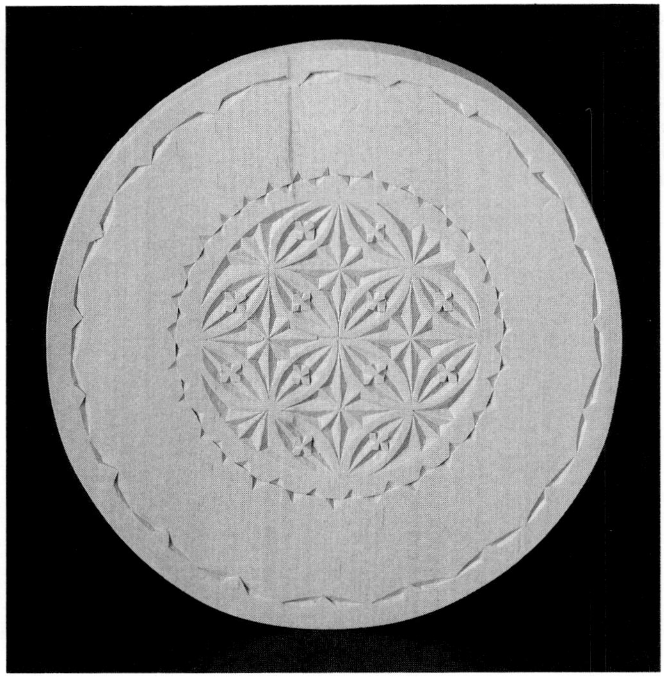

80 Die starke Maserung des Ulmenholzes greift schärfer in die Licht- und Schattenzeichnung des Dekors ein, als es bei Linde der Fall ist.

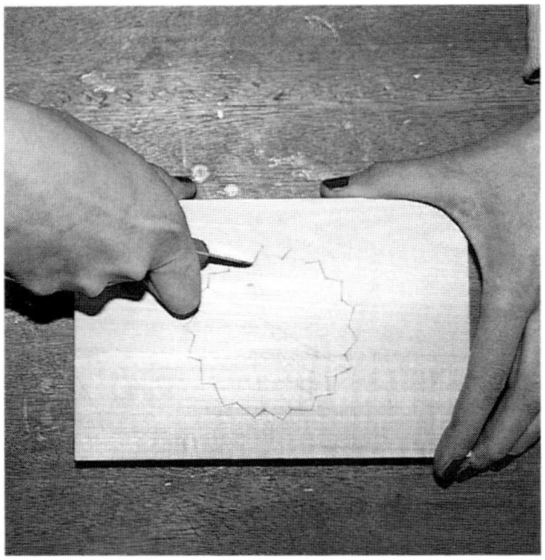

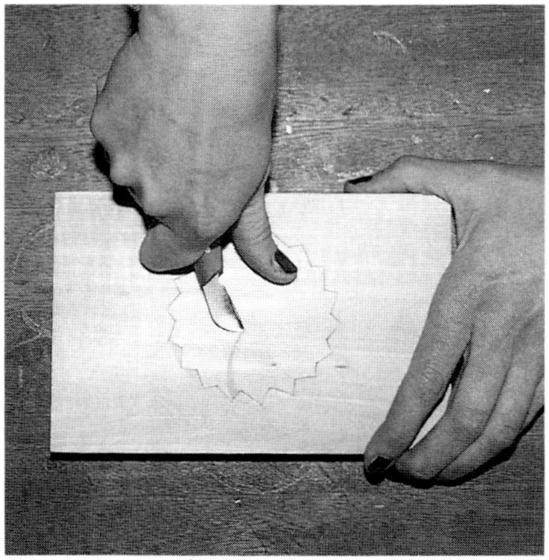

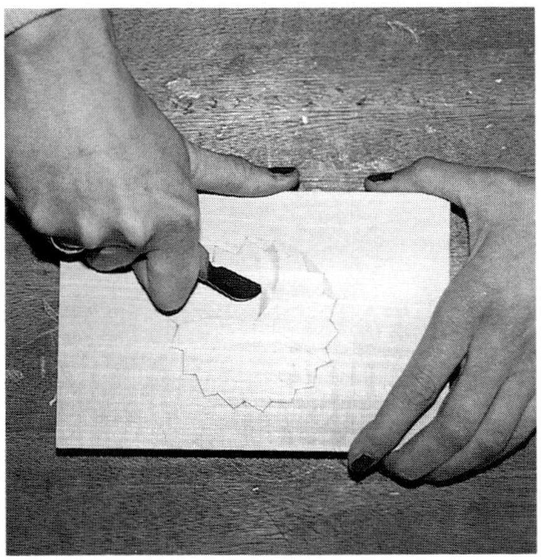

81–83 Exakte Aufzeichnung ist bei Wirbelmustern Grundvoraussetzung, um gleichmäßige Wirbel zu erzielen.

Wirbelmuster

Nachdem Sie das Wirbelmuster wie auf Abbildung 84 übertragen haben, schärfen Sie erst einmal Ihr Werkzeug, so sorgfältig Sie nur können. Mit nahezu jedem Schnitt müssen Sie sich darauf gefaßt machen, daß die Faser einen mehr oder weniger ernsten Konfliktpunkt darstellt. Denn Sie mußten in keiner Übung bisher das Messer so souverän führen. Bald treiben Sie es in einem Schnitt in die Faserrichtung hinein, bald befreien Sie es wieder, bald müssen Sie gegen die gebündelte Faserrichtung anarbeiten.

Fangen Sie wie in Abbildung 81 damit an, den Kreisumriß einzustechen. Tasten Sie wie beim Abhub des pyramidenförmigen Spans im Zick-Zack-Muster bis zum tiefsten Punkt mit der Messerspitze vor. Schwenken Sie mit der Schneide nach (Abb. 82). Der Span muß säuberlich aus der Kerbe gelöst werden. Setzen Sie im Kreismittelpunkt zum Ziehen der Wirbellinien an (Abb. 83). Im Kreiszentrum markieren Sie mit der Klinge gerade nur den Strich. Drücken Sie das Messer schräg und mit lang aufliegender Klinge in das Holz. Tasten Sie mit der Spitze der Grundlinie in der Kerbe nach. Drehen Sie, falls nötig, das Brett. Schneiden Sie den Gegenschnitt entsprechend. Der Span fällt in einem Stück heraus, wenn die Schnittflächen in der Kerbengrundlinie aufeinandertreffen. Sonst müssen Sie nachsetzen. Nehmen Sie absolut dieselbe Schnittrichtung und Neigung des Messers wieder ein. Sie verschneiden sich sonst die Kerbe.

84 Mit Wirbel- und Fächermuster gestaltete Fläche.

85 Ein verschlungenes Flechtmuster, mit dem Zirkel konstruiert, wird auf das Holz am besten mittels einer Pause übertragen.

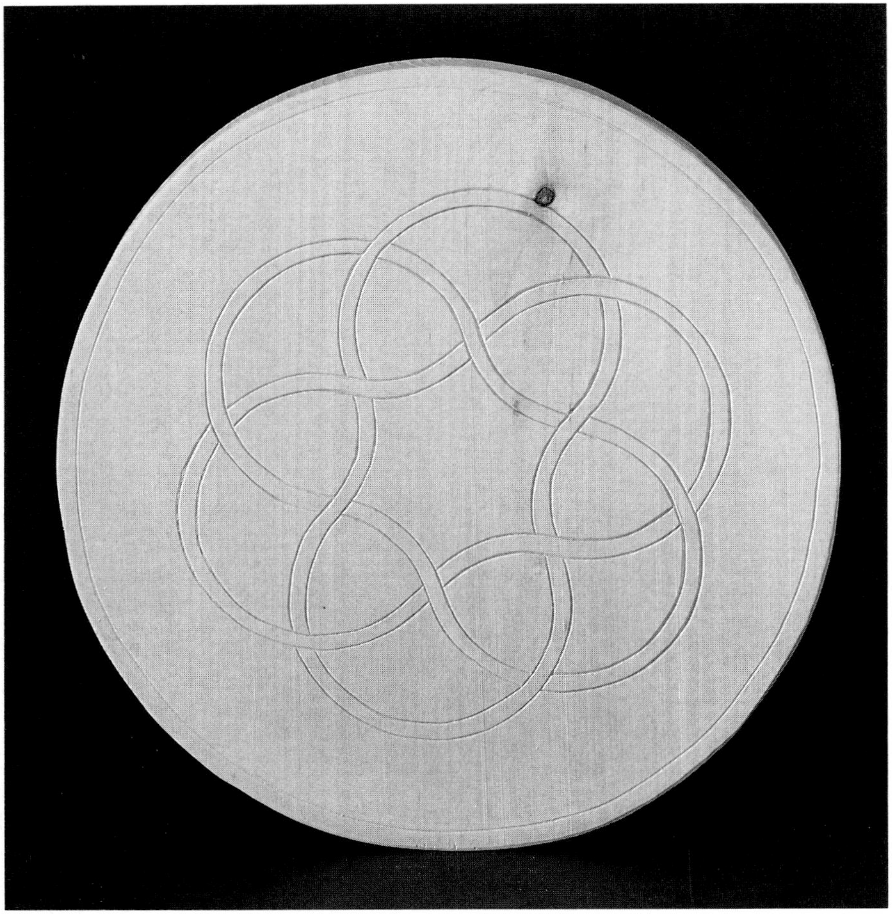

Flechtmuster

Schon bei der Vorzeichnung für das Beispiel Abb. 85 werden Sie bemerken, daß in dieser Übung für Sie keine neuen technischen Herausforderungen hinzukommen. Es sind einfache Kerbenlinien, zu Bändern geordnet. Nachdem eine erste Anlage paralleler Bänder gezeichnet ist, werden nach Art eines Flechtwerkes nun im nächsten Durchgang die Bänder abwechselnd einmal über- und untergeflochten.

Schrift und Zahl

Als Vorlage dienen uns die Lettern der römischen Antiqua. Diese klassischen Schriftlettern sind zeitlos schön. Mit einiger Übung und einem entschlossenen, klaren Schnitt erzielt erfahrungsgemäß schon der Anfänger ein ansehnliches Ergebnis. Wieder ist es wichtig für Sie, daß Sie die Vorlage akkurat übertragen. Die Linien zeichnen Sie mit einem gut gespitzten Bleistift. Ein verwaschener Strich führt zu einem ebensolchen unsauberen Schnitt. Ziehen Sie die Linien energisch und fest genug, daß man sie auch sieht. Wenn Ihr Strich frei nicht sicher genug durchzieht, dann nehmen Sie ein Kurvenlineal zu Hilfe. Zum Technischen sind keinerlei hinzufügende Anleitungen nötig. Mit dem bereits erworbenen Rüstzeug können Sie auch dieses Sujet leicht schneiden. Achten Sie allenfalls auf die Kerbentiefe. Schneiden Sie nicht zu flach. Sie erschweren sich für den Anfang nur die Arbeit.

86 Schriftübung: Verteilung zweier Namen auf gegebenem Raum.

Klassische Schriftlettern – und dazu zählen auch neuere Entwicklungen – sind in einem so hohen Maße ausdifferenziert und durchgeformt, daß jede Art von Hinzufügung oder Abänderung deplaziert wirkt. Am besten halten Sie sich am Anfang peinlich genau an die Vorlagen. Mit der Zeit werden Sie in kompositionellen Dingen aber sicherer werden. Wenn das eine oder andere Schriftbild unter Ihrer Hand dann auch mal persönliche Züge annimmt oder gar den Charakter einer sehr eigenwilligen kalligraphischen Arbeit, dann müssen Sie sich trotzdem immer wieder fragen, ob diese Ausgestaltung ebendiesem Schriftbild auch angemessen ist. Ebenso, wie Sie sich beispielsweise immer wieder fragen müssen, inwieweit ein Entwurf, ein Motiv auch auf die formalen Belange des ganzen Ensembles eingeht. Diese Anmerkungen sollen Sie aber keinesfalls entmutigen, sich doch immer wieder an neue Entwürfe heranzuwagen.

87 Beispiel für ein geschnittenes Alphabet und passende Zahlen mit idealen Buchstabenzwischenräumen.

88 Die Umsetzung dieses Alphabets in Lindenholz. ▷

ABCDEFG
HIJKLMN
OPQRSTU
VWXYZ *
123456789

89 Ein Blütenmotiv mit geschnitzten Linien auf einer Bank-Rückenlehne.

Freie Formen

Entwerfen Sie Zeichnungen von Blumen, Blätterranken, Tiermotiven, Figuren und Schriften entweder selbst oder interpretieren Sie Vorlagen ganz frei um. Übertragen Sie die Entwurfszeichnung auf das Holz und schneiden die Linien in der Weise, wie Sie es am Beispiel Flechtmuster oder Linienschnitt gelernt haben, nach. Durch verschieden tiefe und breite Schnitte setzen Sie Nuancen, Hell- und Dunkel-Abstufungen in der Zeichnung. Modellieren Sie den Schnitt, setzen Sie Akzente. Sehr reizvolle zeichnerische Möglichkeiten erreichen Sie mit mehreren nebeneinander verlaufenden, feinen gekerbten Schraffierungen.
Schwierigkeiten ergeben sich, wenn zwei Linien aufeinandertreffen. Achten Sie darauf, daß die Kerben an dieser Stelle dieselbe Tiefe bekommen. Wenn Sie das Motiv besonders hervorheben wollen, können Sie den Kerbschnitt zum Schluß noch farblich ausgestalten oder beim Beizen des Holzes die Zeichnung aussparen.

90 Türfüllung mit einem heraldischen Motiv in Linienschnitt. Das Holz ist Lindenholz.

91 Großer Bilderrahmen mit umlaufenden Schuppenbändern. Innenliegend kleiner Rahmen, geschnitzt mit gegenläufigen Schuppen.

Schuppen

Schuppenmuster und Schuppenbänder schneiden Sie mit Hohleisen. Die Vorarbeit ist wieder genauso wie bei allen anderen Kerbschnitten. Eine saubere Vorzeichnung ist unbedingt wichtig. Ziehen Sie zwei Linien für die Breite und den Rapport der Schuppenstiche. Das Hohleisen muß der vorgezeichneten Breite in etwa entsprechen.

Setzen Sie nun mit dem Eisen an den vorher eingeteilten Linien an, drükken das Werkzeug 3 bis 4 mm senkrecht in das Holz. Den Gegenschnitt setzen Sie ganz flach an und schneiden auf den tiefsten Punkt der eingestochenen Rundung zu. Wenn Sie die Tiefe genau treffen, fällt der Span heraus. Haben Sie das Hohleisen zu flach geführt, so müssen Sie den Schnitt nochmals nacharbeiten. Sind Sie zu tief gekommen, und der Span hängt fest, so versuchen Sie durch erneutes Abstechen den Schnitt sauberzubekommen.

Da der Schuppenstich meist mit dem Holzfaserverlauf ausgeführt wird, ist er nicht besonders schwierig.

92 Farbig lasierter und kolorierter Kasten mit Schuppendekor an der Seite und Blumen-Schnitzdekor oben auf dem Deckel.

Wird der Schnitt schräg zum Faserverlauf geplant, so können Schwierigkeiten auftreten, wenn das Eisen nicht absolut scharf ist. Eine Seite des Schuppenschnitts wird dann immer zum Einreißen neigen, was durch besonders vorsichtige Eisenführung ausgeglichen werden kann. Die Schuppenbänder können ganz unterschiedlich gruppiert werden. Verschiedene Breiten, mit oder ohne Zwischenraum und in verschiedene Richtungen weisend, ergeben ein schönes Schuppenarrangement.

DIE OBERFLÄCHENBEHANDLUNG

Öle und Wachse

Durch die Behandlung mit Wachsen und Ölen dunkelt das Holz nach, ist aber vor Umwelteinflüssen besser geschützt. Der charakteristische eigene Farbton des Materials wird intensiviert. Tragen Sie das Wachs (Antikwachs) mit einem Lappen auf. Nach dem Eintrocknen bürsten Sie das behandelte Holz mit einer Roßhaarbürste. Ein Wachsüberzug ist zwar wasserbeständig, es können sich aber dennoch Wasserflecken bilden. Naturöle (vor allem Leinöle) arbeiten den holzeigenen Farbton viel intensiver heraus. Tragen Sie das Öl mit einem Lappen gleichmäßig auf. Nach dem Abtrocknen reiben Sie das Holz mit einem weichen, fusselfreien Leinenlappen ab. Der seidige Glanz des Wachsauftrages ist allerdings mit einer Ölbehandlung nicht zu erzielen.

Beizen

Erreichen Sie mit dem Wachsen und Ölen nicht den gewünschten Farbton, so müssen Sie das Holz beizen. Im Fachhandel werden Sie anhand einer Skala die passende Beize finden. Wasserbeizen sind problemlos anzuwenden. Sie bleiben nach dem Abtrocknen wasserlöslich. Das heißt, daß Sie dem gebeizten Gegenstand noch einen wasserunlöslichen Abschluß geben müssen. Dieser verändert noch einmal den Farbton. Sie kommen also nicht ohne eine Reihe von Versuchen an einem Probeholz aus.
Wachsbeizen sind wasserfest. Die Pigmente sind in Salmiak und Wachs gelöst. Machen Sie auch Versuche mit der unterschiedlichen Saugfähigkeit des Holzes. Stirnholz nimmt sehr viel mehr Farbe auf. Es wird demnach auch sehr viel stärker gebeizt. Sie können diese Wirkung durch sehr vorsichtiges Verdünnen und Dosieren dämpfen; auch ein Abnässen der stärker saugenden Stellen ist möglich.

Farbliche Ausgestaltungen der Kerben sind vor allem bei ornamentalen Arbeiten für den Außenbereich gebräuchlich. Für die Durchführung gilt in diesem Zusammenhang, was über die Wasserbeizen gesagt wurde. Bedenken Sie auf jeden Fall, daß Pigmente unter UV-Einstrahlung ausbleichen, und verwenden deshalb hochlichtechte Farben.

93, 95 Zwei Körbe mit geschnitztem Deckel – einmal mit Waffel- (Abb. 93), einmal mit Netzmuster (Abb. 95).

94, 96 Die Aufsicht auf beide Deckel zeigt recht genau, welche Veränderungen (zum Beispiel im Glanzverhalten) durch das Aufbringen von Wachsen und Ölen zu erzielen sind.

97 Große, gedrechselte Schale aus Lindenholz; sie ist mit Linienmustern verziert und blieb naturbelassen.

98–100 Zwei gedrechselte Schalen (Abb. 98) und zwei Holzteller (Abb. 99, 100), die außen beziehungsweise am Tellerrand mit sich kreuzenden Linien beschnitzt wurden. Die Abstände und die Tiefe der Linien sollen immer variieren.

101 Geschnitzter Armreif aus Zirbelholz, anschließend mit Schwarz wasserfest gebeizt.

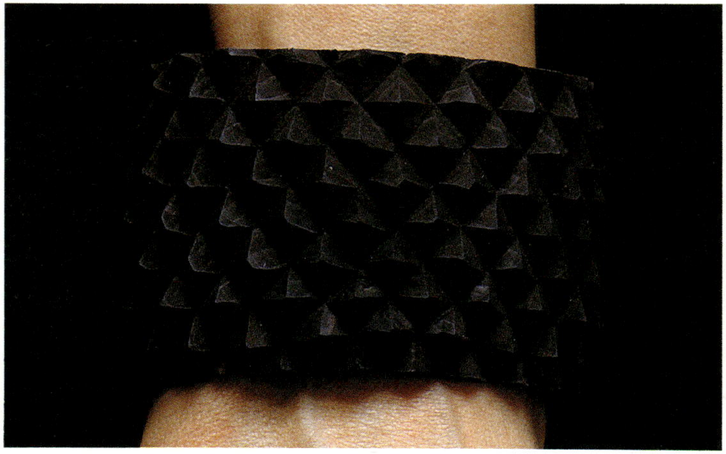

102 Brosche mit außermittig angeordneter Rosette aus Lindenholz.

103 Würfelmuster für moderne Möbelgestaltung. Das Holz ist Linde.

104 Weiß gebeiztes Schmuckkästchen. Die großen und kleinen Rosetten auf Seitenteilen und Deckel sind mit roter Farbe unterlegt. Die Wirkung ist recht elegant.

105 Aufwendig geschnitzte, achteckige Dose mit zahlreichen Rosettenmustern und Waffelhintergrund.

106 Gedrechselte, runde Stricknadelbox mit Buchstaben- und Linienschnitt.

107 Rechteckiges Stricknadelbehältnis mit versetztem Flechtmuster.

108 Kleiner Blumentrog mit umlaufender Vierblattrosette.

109 Salz- und Pfefferstreuer. Selbst schon sehr klein, sind die Behälter noch mit feinsten Ziermotiven beschnitzt.

110 Kleine Dose mit umlaufendem Bandmuster.

111 Gedrechselte Schale mit breitem Rand. Die Linienschnitte sind verschieden tief und laufen nicht parallel, sondern konzentrisch zur Tellermitte hin.

112 Naturbelassene Zirbelholzschale mit einfachen Bogenschnitten.

113 Geschnitztes Uhrenzifferblatt aus Lindenholz (Grundform gedrechselt), mit Beize behandelt.

114 Geschnitzter und versilberter Rahmen; der Dekor hat nichts Traditionelles mehr.

115 Spieldose mit Rosetten.

116 Spiegelrahmen mit recht aufwendigem Bortenmuster im traditionellen Stil.

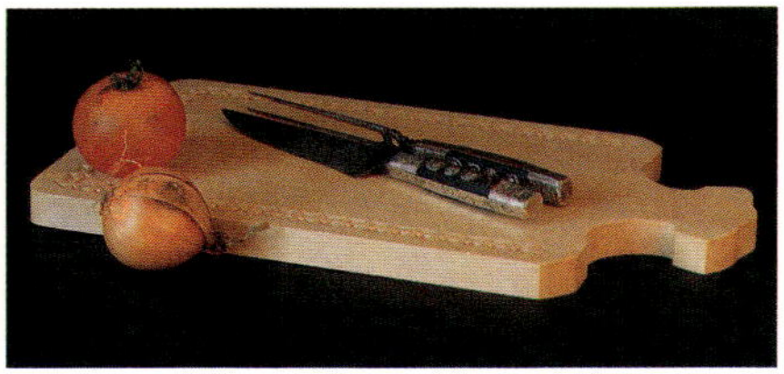

Abziehstein Natur- oder Kunststein, der zum Schärfen (Abziehen des Schleifgrates) von Schneidwerkzeugen benutzt wird.

Balleisen Bildhauerwerkzeug.

Bohle Nach DIN erfolgt die Einteilung in Dicken von 40 bis 120 mm.

Brett Nach DIN erfolgt die Einteilung in Dicken von 8 bis 32 mm.

Dreieckskerbe Kerbe mit dreieckiger Grundfläche.

Entwerfen Anfertigen von Skizzen und Zeichnungen. Man unterscheidet den Vor- und den Hauptentwurf (als endgültige maßstabgerechte Zeichnung), nach welchem die Ausführungs- oder Werkzeichnung angefertigt wird.

Fase Die gesamte schräge Seitenfläche über der Schneide eines Meißels, Hobeleisens oder Schnitzeisens.

Faserverlauf Die Ausrichtung der Fasern im Verhältnis zur Längsachse des Holzstammes. Der Faserverlauf kann gerade, wellig oder unregelmäßig sein.
Bei tropischen Hölzern sind die Fasern häufig in entgegengesetzten Richtungen schräg gestellt.

Flacheisen In der Schneide leicht gebogenes Bildhauereisen.

Hartholz Eiche, Ulme, Esche, Teak, Cambala.

Heft Griff eines Bildhauereisens.

Hohleisen Die Schneide ist stärker gebogen als die der Flacheisen.

Hohlschnitt Mit dem Hohleisen ausgeführte Rundkerbe, die in gerader oder geschwungener Linie verläuft und zu Hohlschnittornamenten zusammengefügt werden kann.

Jahresring Früh- und Spätholz sind im Hirnschnitt zusammengenommen als Jahresring sichtbar.

Kehle Runde Einkerbung.

Kerbschnittornament Die Anordnung verschiedener Kerben zu kunstvollen, zum Teil flächendeckenden Verzierungen.

Kerbschnitzerei Eine Art vertiefte Ritztechnik. Mit dem Kerbschnitzmesser, Balleisen oder Hohleisen werden aus der Holzgrundlage Ornamente und Schriften ausgeschnitten – ausgegründet. Man spricht dann vom negativ-plastischen Schnitzen.
In der positiv-plastischen Schnitzerei erfolgt die Ausgründung außerhalb des Ornaments oder des Schriftzeichens. Das Ornament oder das Schriftzeichen stehen dann erhaben über der tiefer liegenden Grundfläche.

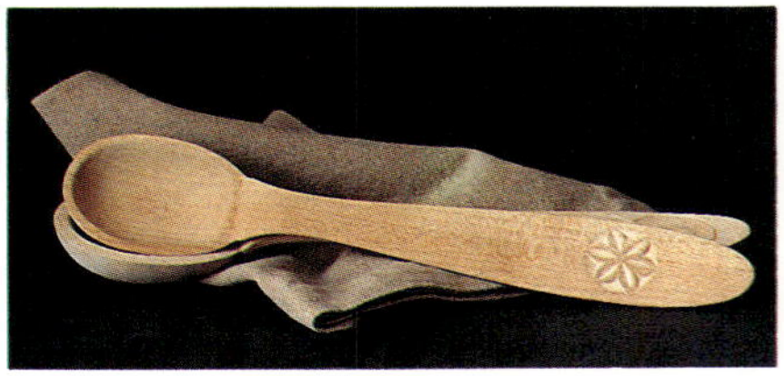

Kerbschnitzmesser Verschieden angeschliffene Messer zum Schneiden von Kerben.

Leinöl Aus dem Samen des Flachs gewonnenes Öl.

Markstrahlen In Faserrichtung liegende Speicherzellen, die strahlenförmig vom Mark ausgehen. Bei der Eiche sind sie als Spiegel sichtbar.

Maserung Natürliche Zeichnung der Holzoberfläche, die häufig bei lebhafter oder fleckiger Zeichnung auf regellosen Wuchs zurückzuführen ist. Die Maserung ist besonders bei Wurzelholz ausgeprägt.

Rosette Rosenförmige Verzierung in zahlreichen Varianten, zum Beispiel plastisch gedrehte Wirbelrosette.

Rundkerbe siehe Hohlschnitt.

Schablone Übertragung eines vorhandenen Profils auf eine Papp-, Blech-, Kunststoff- oder Holzplatte, aus welcher dieses Profil geschnitten wird.

Schleifmaschine Maschine zum Schärfen von Schneidwerkzeugen.

Schleifmittel Schleifkörner aus Glas, Korund, Siliziumkarbid (Karborundum), die mit elastischen Bindemitteln zu Schleifscheiben und Stäben gepreßt werden.

Schnitzeisen Schnitzwerkzeuge, wie Ball-, Hohleisen und Geißfuß.

Schnitzmesser siehe Kerbschnitzmesser.

Splint, Splintholz Zum Splintholz gehören die äußeren Jahresringe am Stammquerschnitt, die der Saft- bzw. Wasserführung des Baumes dienen. Es ist weicher als das im Inneren des Stammquerschnittes liegende Kernholz. Es gibt Splintholzbäume, deren gesamter Stammquerschnitt Splintholz ist (Ahorn, Birke, Weißbuche).

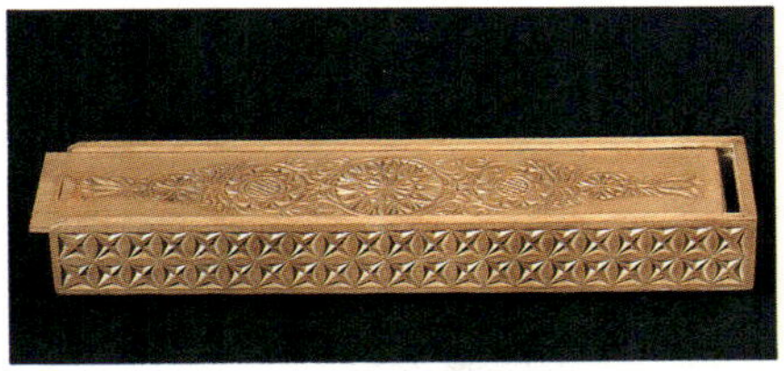

Trocknen des Holzes Durch das Trocknen soll dem Holz Wasser entzogen werden. Trockenes Holz erleichtert die Verarbeitbarkeit. Das weitere und stärkere Schwinden wird durch das Trocknen eingeschränkt, das Holz wird fester und widerstandsfähiger gegen Schädlinge und Krankheiten. Der Trocknungsvorgang soll möglichst allmählich auf natürliche Weise durch Lagerung in belüfteten Räumen erfolgen: Der Schnitzer verarbeitet das Holz meist erst, nachdem es mehrere Jahre an der Luft vorgetrocknet worden ist.

Weichhölzer Balsaholz, Linde, Pappel, Fichte, Tanne, Kiefer zählen unter anderen zu den Weichhölzern.

Zurichten Vorbereiten.